いつもの食材が、
プロのコツでごちそうになる

和食屋が教える、劇的に旨い家ごはん

笠原将弘

主婦の友社

はじめに

和食の道に入って、今年で30年になる。
修業時代の9年に始まり、実家の焼き鳥屋を継いで
試行錯誤した時期を経て自分の店を持ち、夢中で駆け抜けた。
現在、直営店は3店舗となり、
多くのお客様に僕の料理を日々楽しんでもらっている。
それと並行するように、テレビや雑誌、
書籍を通じて、レシピ考案も続けてきた。
ありがたいことに多くのかたがたが僕の本を手にとってくださり
大変うれしく、続けてきてよかったなあと思う。

当然ながら、店で供する料理と、家ごはんのための料理は違う。
僕の店までわざわざ足を運んでくださるかたには、
特別な食体験をしてもらいたいと思うから、
厳選した食材やこだわりの器を用いて、
和食が持つおいしさや美しさを可能な限り堪能してもらう。

対して家で作る料理は、
家族、あるいは自分のための食事であるから、
準備、工程、どれをとっても型にはまらず作りやすさに重きをおき、
手の込んだ作業は極力省くことが要だと考えている。
また、手に入りやすい食材や調味料だけを使用することも大切だ。
そこに、店で和食を作るときの技やポイントを盛り込んで
「これさえやれば旨くなる」というコツを明確にしたのが本書だ。
肉や魚のくさみをとる下ごしらえの方法、煮物の味の含ませ方、
相性のよい食材のとり入れ方（日本食の言葉で「出会いもの」と呼ばれている）など、
どれも僕が和食屋での経験から身につけたものばかりだ。
料理はほんの少しのコツや工夫で劇的に旨くなるし、
とたんに驚きに満ちた味になる。
本書を通じて、それを正しく伝えることができればうれしい。
店のお客様の喜んでくれる姿を見ると僕が幸せなように、
家でのごはんでも、食べた人の喜びが作った人を幸せにしてくれることを願って。

笠原将弘

目次

第3章 焼き鳥屋の息子が、どうしても伝えたい味

鶏肉料理は、最高のごちそうになる。

第4章 クセをつかんで、臆さず調理してほしい

魚料理が、実はいちばん失敗しない。

この本の使い方

◎小さじ1＝5㎖、大さじ1＝15㎖、1カップ＝200㎖です。
◎米は、180㎖＝1合です。
◎「だし」は和風のだしです。こぶや削りがつおは好みのものを使ってください。
◎火かげんは特に表記のないかぎり、中火で調理しています。
◎レシピ上、野菜を「洗う」「皮をむく」などの作業は省略してあります。
特に表記のない場合、それらの作業をすませてからの手順を説明しています。
◎「小麦粉」は特に指示のない場合、薄力粉です。
◎「水どきかたくり粉」は、かたくり粉を同量の水でといたものです。
◎「あさりの砂出し」は、あさりを塩水に2〜3時間つけて砂出しし、殻と殻をこすり合わせてよく洗ってください。
◎フライパンはフッ素樹脂加工のものを使用しています。
◎調理時間は下ごしらえから料理の完成までの所要時間です。個人差がありますので、目安にしてください。

第5章 めん物ごはん物は、一品料理と考える。

食材の合わせ方で、洒落る、映える

第6章 つまみはすぐに作れて、気がきいているのがいい。

家にある食材を生かす

第1章

プロのコツが家ごはんを変える

定番おかずは、ここまでおいしくなる。

日本の家庭でよく作られているなじみ深い料理ほど
レシピは世の中にたくさんあふれていて、
やり方も千差万別、味つけや工程もそれぞれ違ってくるものだ。
僕の場合はまず「これが基本」という固定概念をいったんとっぱらって考えてみる。
たとえば12ページで紹介している、肉じゃが。
肉じゃがといえば牛薄切り肉で作る人も多いけれど、
僕がここで紹介するのは、豚バラ肉で作る方法だ。
豚肉のうまみが野菜にしみて、牛肉にも負けない味になり、
そのうえ食材費もぐんと安くなる。
そして必ず「煮る前に肉と野菜に焼き目をつける」というのを
忘れないでもらいたい。
これさえやれば、いつもよりワンランク上の味になるはずだ。
家に向く食材を用い、和食の技やコツを押さえた、ちょうどよいやり方。
プロとして考え抜いたそれを、ここに紹介する。

照り焼きチキン

「火の通し方は
皮目からが七割。
ちょっとの
ウスターソースが
味を左右する。」

照り焼きチキンは、主材料は鶏もも肉だけだから、鶏肉の扱いを知っていれば、絶対においしく作ることができる。まず、身に切り目を入れる。筋を切って焼き縮みを防ぎ、火の通りをよくする効果がある。焼くときは皮目からじっくり火を通す。皮をパリッとするまでしっかり焼くと、必然的に**身を焼く時間が短くなるから、身はふっくらジューシーに。**さらに、パリッとした皮にはたれもからみやすい。僕は**隠し味にウスターソースを使う。**スパイスも入っているから、味に深みが出る。

材料（2人分）

鶏もも肉…大1枚（約300ｇ）
小麦粉…適量
A
- にんにくのすりおろし…小さじ½
- 酒、みりん…各¼カップ
- しょうゆ…大さじ1⅓
- 砂糖、ウスターソース…各小さじ2
- あらびき黒こしょう…小さじ⅓

サラダ油…大さじ1
マヨネーズ…大さじ1

作り方

1. 鶏肉は皮目を下にして横長にしておき、1㎝間隔くらいに切り目を入れて筋を切る。小麦粉をまんべんなくまぶし、余分な粉は払う。
2. フライパンにサラダ油を熱し、皮目を下にして入れる。フライ返しでときどき押さえながら7〜8分焼き、皮がパリッとしたら上下を返す。3〜4分焼いて中まで火が通ったら、**A**を加える。煮立ってきたら、トングで鶏肉を返しながらたれをからめ、よくからんだら火を止める。
3. 切り分けて器に盛り、好みでちぎったレタスとトマトのくし形切り、マヨネーズを添える。

調理時間 20分

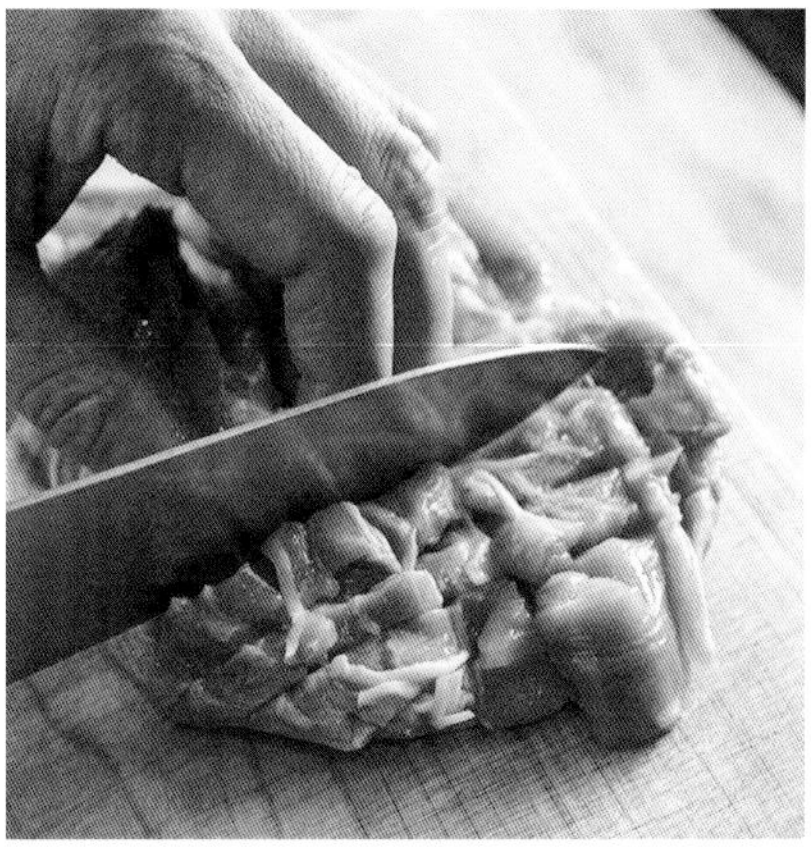

「筋切りは大きく大胆に。小さく入れるより断然やわらかくなる。」

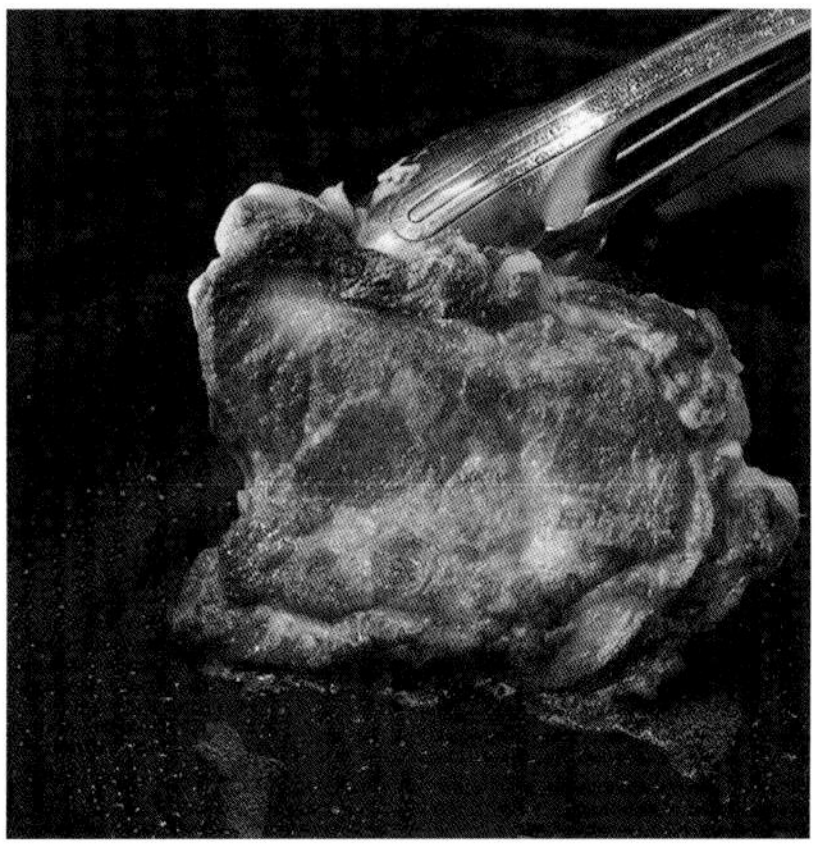

「皮がパリッとしてからあとひと息くらいで返して。」

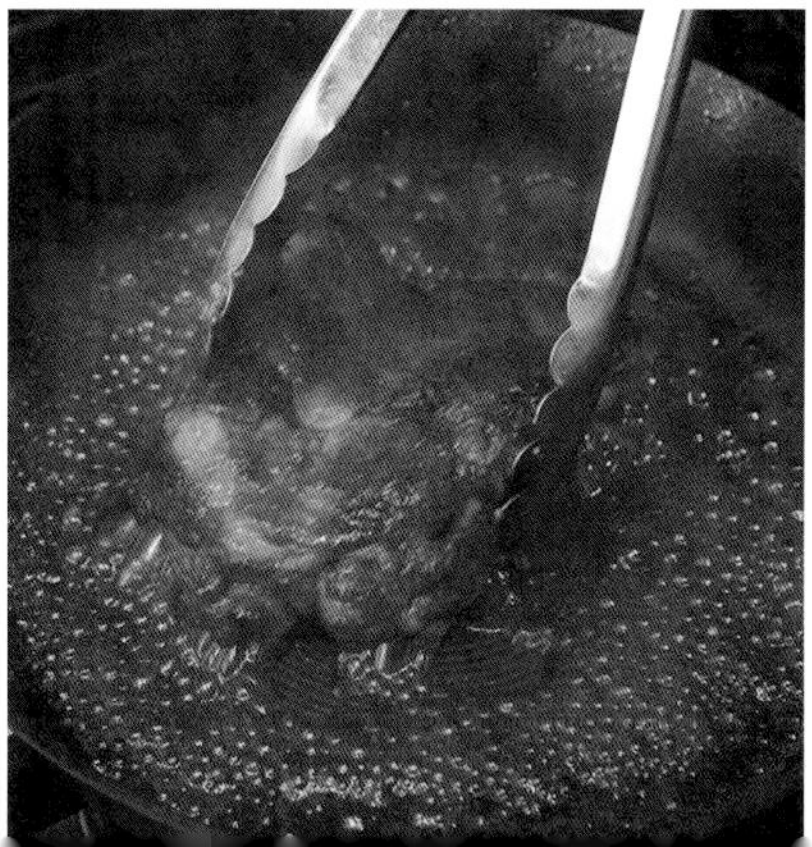

「じゅわじゅわに煮立たせて味を入れていく。」

肉じゃが

「肉も野菜も焼き目が最重要。あまりさわらずしっかり焼きつけて。うまみが閉じ込められ、コクも増す。」

肉を焼くのはうまみを閉じ込めるため。**焼き目をつけることで香ばしさも加わって**肉自体がおいしくなる。意外に思われるかもしれないが煮物だって焼き目がたいせつ。豚バラを焼いたフライパンには肉のうまみが残っているから、そのまま野菜を焼きつければ、肉のうまみが移るし、煮るときも**煮くずれしにくくなる**。だしと調味料を入れたらあとは煮るだけ。アルミホイルの落としぶたのおかげで、うまみを含んだ煮汁がまんべんなく食材にしみる。できたてもいいけれど、2日目なんて最高だ。

「野菜は一度に入れてよい。しっかり焼きつけて。」

「焼いた肉を戻したら、あとはなべまかせで煮るだけ。」

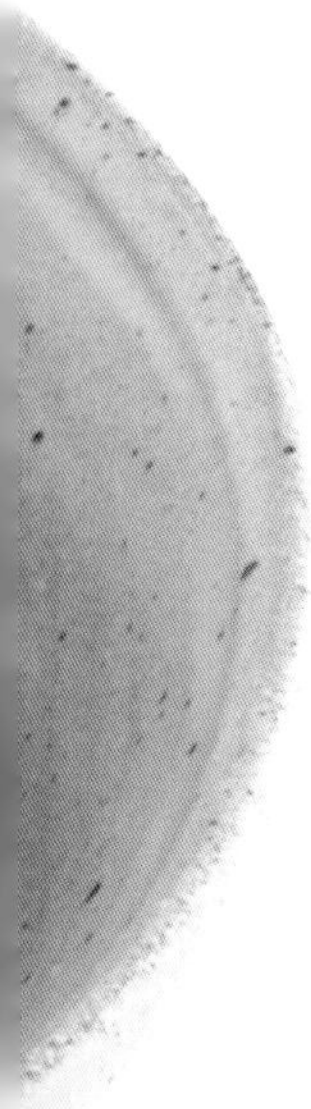

材料（2人分）

豚バラ薄切り肉…200g
じゃがいも（メークイン）… 2個
玉ねぎ… ½個
にんじん… ½本
絹さや… 6〜12枚

A
だし…2カップ
酒… ½カップ
しょうゆ…大さじ3
砂糖…大さじ2

調理時間 25分

作り方

1. じゃがいもは大きめの乱切りにし、玉ねぎはくし形切り、にんじんは乱切りにする。絹さやは筋をとる。豚肉は食べやすい大きさに切る。
2. フライパンに油を引かずに豚肉を入れ、いためる。最初はあまりさわらずに焼きつけ、焼き目がついたらいったんとり出す。
3. **2**のフライパンに、いも、玉ねぎ、にんじんを入れていためる。あまりさわらず、じっくり焼く。
4. 焼き目がついたら、豚肉を戻し入れて**A**を加え、アルミホイルで落としぶたをして、10分ほど煮る。絹さやを加え、3分ほど煮る。

豚バラ肉で作るからこそのうまさがある。

ハンバーグ

「パン粉は使わず、かたくり粉でしっとり仕上げる。」

材料（12個分）

合いびき肉…600ｇ
卵…2個
玉ねぎ…2個
しいたけ…2個
塩…少々
酒…大さじ1
あらびき黒こしょう…少々
A かたくり粉、酒…各大さじ1
　塩、こしょう…各適量
サラダ油…適量
B 大根おろし…大さじ4
　みりん…大さじ2
　酒、しょうゆ…各大さじ1
〈つけ合わせ〉
　水菜…½束
　焼きのり…全形1枚
　C ごま油…大さじ1
　　いり白ごま、塩…各適量

調理時間 30分

作り方

1 ハンバーグを作る。玉ねぎとしいたけはみじん切りにし、フライパンにサラダ油を熱していためる。塩を振ってしっかりいためたらバットにとり出し、あら熱をとる。ボウルにひき肉、いためた玉ねぎとしいたけ、**A**、卵を割り入れてよくねりまぜる。12等分し、手に油をつけて円形にまとめる。

2 フライパンにサラダ油大さじ1を熱し、**1**を並べ入れて焼く。両面に焼き目をつけて酒を振り、ふたをして弱火で5分ほど蒸し焼きにする。

3 ハンバーグをとり出し、フライパンの余分な油を軽くふきとる。**B**を入れてひと煮立ちさせ、ソースを作る。

4 水菜は5㎝長さに切り、のりは食べやすい大きさにちぎって**C**であえる。

5 ハンバーグを器に盛って**4**を添え、ソースをかけて黒こしょうを振る。

卵焼き

最初から最後まで、強火で攻める！
それで、ふっくらと焼き上がる。

材料（2人分）

卵…3個
A｜だし…大さじ3
　｜砂糖…大さじ1
　｜しょうゆ…小さじ1
サラダ油…適量

調理時間 10分

作り方

1 ボウルに卵を割りほぐし、**A**を加えてときほぐす。

2 卵焼き器を強火にかけてサラダ油を入れ、キッチンペーパーで油をなじませる。

3 1の1/3量を流し入れて全体に広げ、ぷくっとふくらんだ泡をつぶす。表面が乾き始めたら、手前に巻く。あいた部分を油がしみたキッチンペーパーでふき、卵焼きを向こうにずらす。手前もキッチンペーパーで油をなじませる。

4 残りの卵液の1/2量を流し入れ、卵焼きを持ち上げて下にも卵液を流し入れ、半熟状になったら手前に巻く。もう一度くり返して焼く。

5 少しおいてから食べやすく切る。器に盛り、好みで大根おろしを添えてしょうゆをかける。

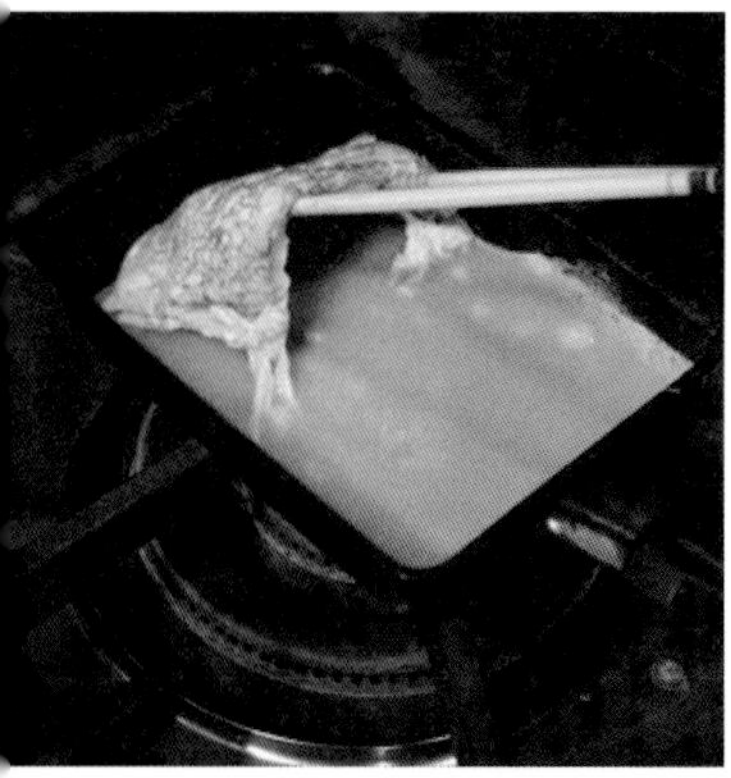

「焼いた卵焼きの下に卵液を流し入れ、一体化させる。」

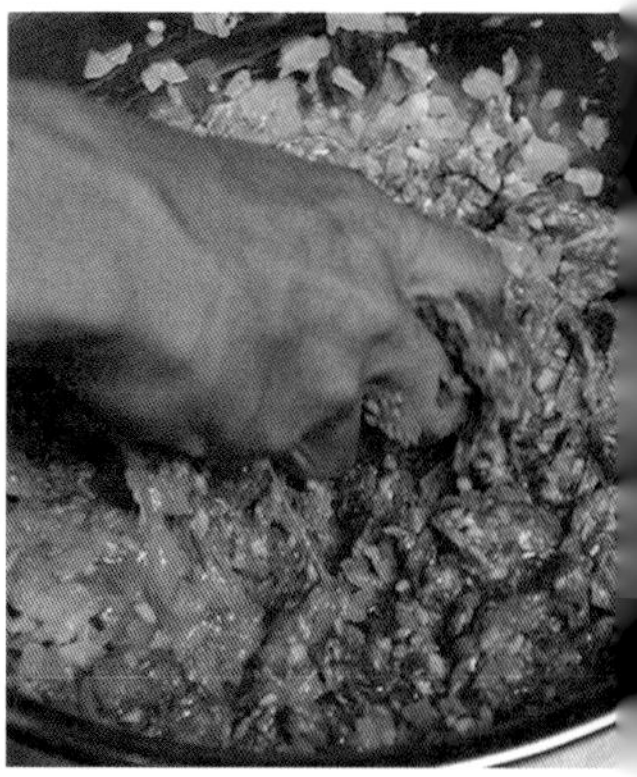

「しっかりまぜるとふっくらとした肉だねに。」

チキンカツ

「サクッ、ふわっ、
の秘訣は二度揚げ。
休ませる間に
余熱で肉に火が入る。
手間はかかるが、
絶対、うまい。」

赤ワインを使った
大人仕立てのソースも
ぜひ作ってもらいたい。

鶏もも肉は厚みがあるから、中まで火を通すのに時間がかかる。かといって、ずっと揚げつづけていると、肉がかたくなりやすいから、途中でいったんとり出すのがポイントだ。僕は**5分揚げたら引き上げて、揚げ網の上で2分ほど休ませ、余熱で火を通す**ようにしている。そのあと、**再び3分ほど揚げる**と、肉はふっくらジューシーで衣はカリッと香ばしく仕上がる。分刻みな調理は、ちょっとめんどうなようだが、〝理想のチキンカツ〟の結論だと思っている。

身は半分にしたうえで切り目を入れて、生焼け防止。

空気にふれさせてから二度揚げすることで衣がカラッとする。

材料（2人分）

鶏もも肉…大1枚（約300g）
塩、あらびき黒こしょう…各少々
小麦粉…適量
A 卵…1個
　牛乳…1/4カップ
生パン粉…適量
B 赤ワイン…1/2カップ
　みりん、しょうゆ、
　トマトケチャップ…各大さじ2
揚げ油…適量
ねりがらし…適量

作り方

1 なべに**B**を入れ、火にかけて2〜3分煮、冷ましてソースを作る。

2 鶏肉は皮を除いて縦半分に切る。身側を上にして横長におき、端から1㎝間隔くらいに切り目を入れて筋を切る。塩、黒こしょうを全体に振る。

3 ボウルに**A**をまぜ合わせて卵液を作り、小麦粉、パン粉をそれぞれバットに準備する。**2**に小麦粉、卵液、パン粉を順にまぶして衣をつける。

4 なべに揚げ油を170度に熱して**3**を入れ、途中で返しながら5分ほど揚げる。一度引き上げて2分ほど休ませる。再び170度の揚げ油に入れて3分ほど揚げ、油をきる。

5 一口大に切って器に盛り、好みでキャベツのせん切り、へたをとったミニトマトを盛り、ねりがらしと**1**のソースを添える。

調理時間 25分

筑前煮

「里いもなどの根菜類は下ゆでを忘れずに。煮くずれを防ぐうえ、味しみが断然よくなる。」

根菜類を生から煮ていくと味が中まで入っていかないうえ、煮る時間が長くなるから、煮汁の中でぶつかり合って煮くずれしやすくなる。野菜の形がしっかり残る美しい筑前煮をめざしたいので、**必ず下ゆでをして**ほしい。根菜を切るときは、**火の通りがそろうように、できるだけ大きさをそろえることも大事**。肉も野菜も焼きつけるのはそれぞれのうまみを閉じ込めてコクを出すため。おいしくなるのはもちろんだが、焼くことでツヤもよくなる。

「下ゆでで五割くらい火を通す。」

「焼くときは、ほぼさわらない。何度も返すと、かえって時間がかかるし、形もくずれやすくなる。」

「まぜるのは、野菜にも焼き目がついてから。」

材料（2〜3人分）

鶏もも肉…200g
ごぼう…100g
れんこん…100g
にんじん…½本
里いも…2個
しいたけ…4個
ごま油…大さじ1
A だし…2カップ
しょうゆ、みりん…各40mℓ
砂糖…大さじ1

調理時間 30分

作り方

1 ごぼうは皮をこそげ、乱切りにする。れんこん、にんじん、里いもも乱切りにする。しいたけは軸を落として食べやすい大きさに切る。鶏肉は一口大に切る。

2 鶏肉としいたけ以外の**1**をなべに入れ、水からゆでる。沸騰してから弱火にし、5分ほど下ゆでし、ざるに上げる。

3 フライパンにごま油を熱し、鶏肉を皮目から強めの中火で焼きつける。焼き目がついたら返し、もう片面もこんがりと焼く。

4 **2**としいたけを加え、最初はあまりさわらずに香ばしい焼き目がつくように焼きつけ、いため合わせる。

5 油が全体になじんだら、**A**を加え、アルミホイルで落としぶたをして中火で10分ほど煮る。野菜がやわらかくなったら、強火にして煮汁を煮からめる。器に盛り、あれば木の芽を飾る。

牛たたき

「〝たたき〟の名前は、
酢をかけて指先で
たたくことから。
余分な脂が落ちるし、
くさみ消しにもなる。」

焼いた牛肉に酢をかけて指の腹で軽くたたく。この行為がそのまま料理名になったというからおもしろい。返しながら全体をぺたぺたやると、**余分な脂が落ちるからだけでなく、酢自体の味でよりさっぱりと仕上がる。**酢を使った先人の知恵に驚かされる。切るときは**肉を休ませなくても、あら熱をとる程度で大丈夫。**できるだけ薄く、1切れが大きくなるようにそぎ切りにし、たっぷりの薬味と合わせて味わおう。

「両わきの面も焼きつけて。」

「焼いたらすぐに酢をかける。」

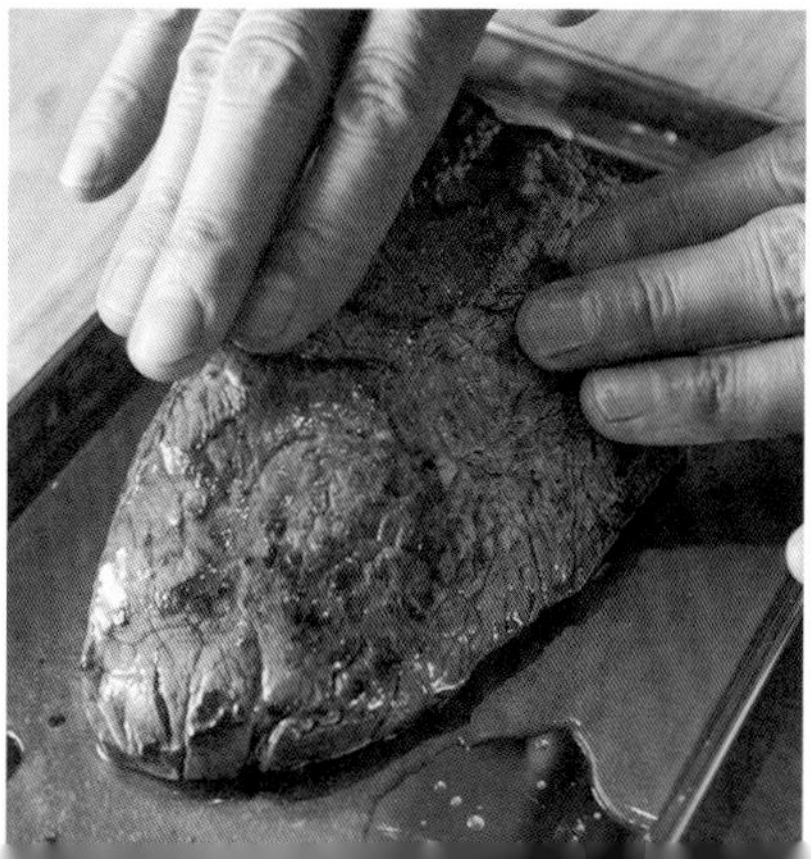

「指先を使って1つの面を7～8回ぺたぺたとたたく。」

材料（2～3人分）

牛ランプかたまり肉…200g
青じそ…5枚
みょうが…2個
万能ねぎ…5本
貝割れ菜…½パック
塩…適量
酢…大さじ2

A
しょうがのすりおろし…小さじ1
しょうゆ…大さじ3
酢…大さじ2
レモン汁、みりん…各大さじ1
ごま油…小さじ1

作り方

1 青じそはせん切りにし、みょうが、万能ねぎは小口切りにし、貝割れ菜は1㎝長さに切る。すべてボウルに入れて水に5分ほどさらし、ざるに上げる。

2 牛肉の表面全体に塩を振る。

3 フライパンを強火で熱して牛肉を入れ、トングで持ちかえながら、すべての面に焼き色をつける。

4 バットにとり出して熱いうちに酢をかけ、すべての面を指先で軽くたたいてなじませる。

5 端から、包丁をねかせて薄いそぎ切りにして切り分ける。器に少し重ねながら広げるようにして盛り、**1**の薬味野菜を全体に散らす。**A**をまぜ合わせてかける。

調理時間 25分

さばのみそ煮

「煮魚は全然むずかしくない。煮る前に湯にくぐらせてくさみをとったら、煮立った煮汁に入れるだけ。おいしくできたも同然です。」

煮魚は僕が大好きな料理のひとつ。むずかしいと思われがちだが、２つのポイントを守るだけでおいしくできるから、臆せずに作ってほしい。まず、脂や血合いはくさみのもとなので、**煮る前に湯にさっとくぐらせて霜降りし、とり除くことが大事。**さらに、煮るときは**煮立っている煮汁に加える**と、魚の表面がすぐに固まり、くさみが出るのを抑えられる。煮始めてからは形がくずれないように、さわらないことも重要だ。

「さばを入れるタイミングは、煮汁がふつふつ煮立ったら。」

「しょうがは最後！はじめに入れると苦みが出る。」

材料（2人分）

さば…2切れ
ピーマン…2個
しょうが…1かけ

A	水…1カップ
	酒…$\frac{1}{2}$カップ
	みそ…大さじ2
	砂糖、しょうゆ…各大さじ1

調理時間 25分

作り方

1 さばは皮目に切り目を入れ、熱湯にさっとくぐらせ、表面の色が変わったらとり出す。氷水にとって、よごれや余分な脂をとり、水けをよくふく。

2 ピーマンは縦半分に切って種とへたをとり、食べやすく切る。しょうがはせん切りにする。

3 なべに**A**を入れて火にかけ、煮立ったら**1**を皮目を上にして入れ、アルミホイルで落としぶたをして、中火で煮る。

4 10分ほどしたら、**2**を加えて3分ほど煮る。

ピーマンでも
ねぎでも
火の入りやすい
野菜とともに。

煮豚

「煮終わってもすぐに食べない。冷めるときに味が入るのを待つ。」

材料（作りやすい分量）

豚肩ロースかたまり肉…500g×2
卵…8個
玉ねぎ…1個
しょうが…10g
こぶ（だし用）…5g

A
水…10カップ
酒…360mℓ

B
しょうゆ…1½カップ
みりん…120mℓ
砂糖…大さじ10

ねりがらし…少々

調理時間 180分

※冷ます時間は除く

作り方

1 豚肉はフォークで全体に穴をあけ、たこ糸で端からグルグルとしばる。フライパンで全体に焼き色がつくように焼く。玉ねぎは薄切り、しょうがはせん切りにする。

2 なべに**A**、豚肉、玉ねぎ、しょうが、こぶを入れて火にかけ、煮立ったらアクをとりながら30分煮る。**B**を加えて弱火でさらに2時間煮る。そのまま冷まし、保存容器などに入れてできれば1日おく。

3 室温にもどした卵を沸騰した湯に入れ、かきまぜながら6分ゆでる。冷水につけて冷まし、殻をむいて**2**の煮汁につける。

4 食べるときは固まった脂を除いて適当な大きさに切り、卵とともに器に盛る。好みでねぎを斜め薄切りにして水にさらし、からしとともに添える。

サラダチキン

「こぶ、玉ねぎなどのうまみで煮れば、淡泊な胸肉が極上になる。」

材料（作りやすい分量）

鶏胸肉…2枚
玉ねぎ…½個
A
- しょうがのすりおろし…小さじ½
- にんにくのすりおろし…小さじ½
- 水…1カップ
- こぶ（だし用）…5g
- 酒…120㎖
- 酢…大さじ1½
- 砂糖…大さじ1
- あら塩…小さじ2
- あらびき黒こしょう…少々

ベビーリーフ…適量
粒マスタード…適量

調理時間 20分
※冷ます時間は除く

作り方

1. 玉ねぎは縦薄切りにする。鶏肉は皮を除き、全体にフォークで穴をあける。
2. なべに**A**を入れてまぜる。鶏肉を入れ、その上に玉ねぎを散らす。ふたをして火にかけ、煮立ったら弱火にして10分ほど煮る。火を止めて、完全に冷めるまでおいて味を含ませる。
3. 鶏肉をとり出して5㎜厚さに切る。器にベビーリーフとともに盛り合わせ、粒マスタードを添える。

＊保存にも向く。こぶをとり出して煮汁ごと保存容器に入れ、ふたをして冷蔵室へ。3〜4日保存可能。

「玉ねぎでうまみと甘みをプラスする。」

すき焼き

「牛肉はほんのちょっと焼いてから煮ると、わりしたの味がしっかりのる。」

煮立ったわりしたの中に具を入れていく関東風、牛肉などの具を焼いてからわりしたを加える関西風など、地方や家庭によって作り方はさまざま。僕は**ねぎと牛肉を焼いてから煮る、香ばしさもうまみもきわ立つ**この作り方をおすすめしたい。１枚目の肉はさっと焼いてわりしたをかけたら、すぐに食べてみてほしい。ほかの具を加えてからも、肉は火を通しすぎない〝煮えばな〟がおいしいので、タイミングを見はからって随時なべに加えるのがポイントだ。

「ねぎはしっかり焼きつけて、甘みを引き出す。」

「わりしたをザッとかけて。最初の牛肉はここでこのまま食べるのが通。」

「ほかの具も加えていく。くたっとしやすい白菜の葉や春菊は最後で。」

材料（2～3人分）

牛ロース肉（すき焼き用）…300g
焼きどうふ…１丁（300g）
しらたき…１袋
白菜…３枚
ねぎ…１本
しいたけ…４個
春菊…½束
卵…適量

A
- 水…１½カップ
- こぶ（だし用）…３g
- しょうゆ…½カップ
- 酒、砂糖…各大さじ３
- みりん…大さじ２

牛脂…20g

作り方

1 Aをまぜ合わせ、わりしたを作る。

2 しらたきは水から5分ほど下ゆでし、湯をきる。焼きどうふは水けをきり、8等分にする。

3 白菜は軸と葉に分け、軸は一口大のそぎ切りにし、葉はざく切りにする。ねぎは1㎝厚さの斜め切りにし、しいたけは軸を除いて笠に包丁目を入れる。春菊は葉を摘む。

4 すき焼きなべを熱して牛脂を入れ、脂がとけて底の面に行き渡ったら、ねぎを並べて焼く。焼き色がついたら返し、あいたところに牛肉を広げて焼く。

5 肉の色が少し変わったら**1**を適量加え、からめる。ほかの具も適量加えて好みのかげんに煮る。取り皿に卵を割り入れ、具にからめながら食べる。残りも同様にする。

調理時間 30分

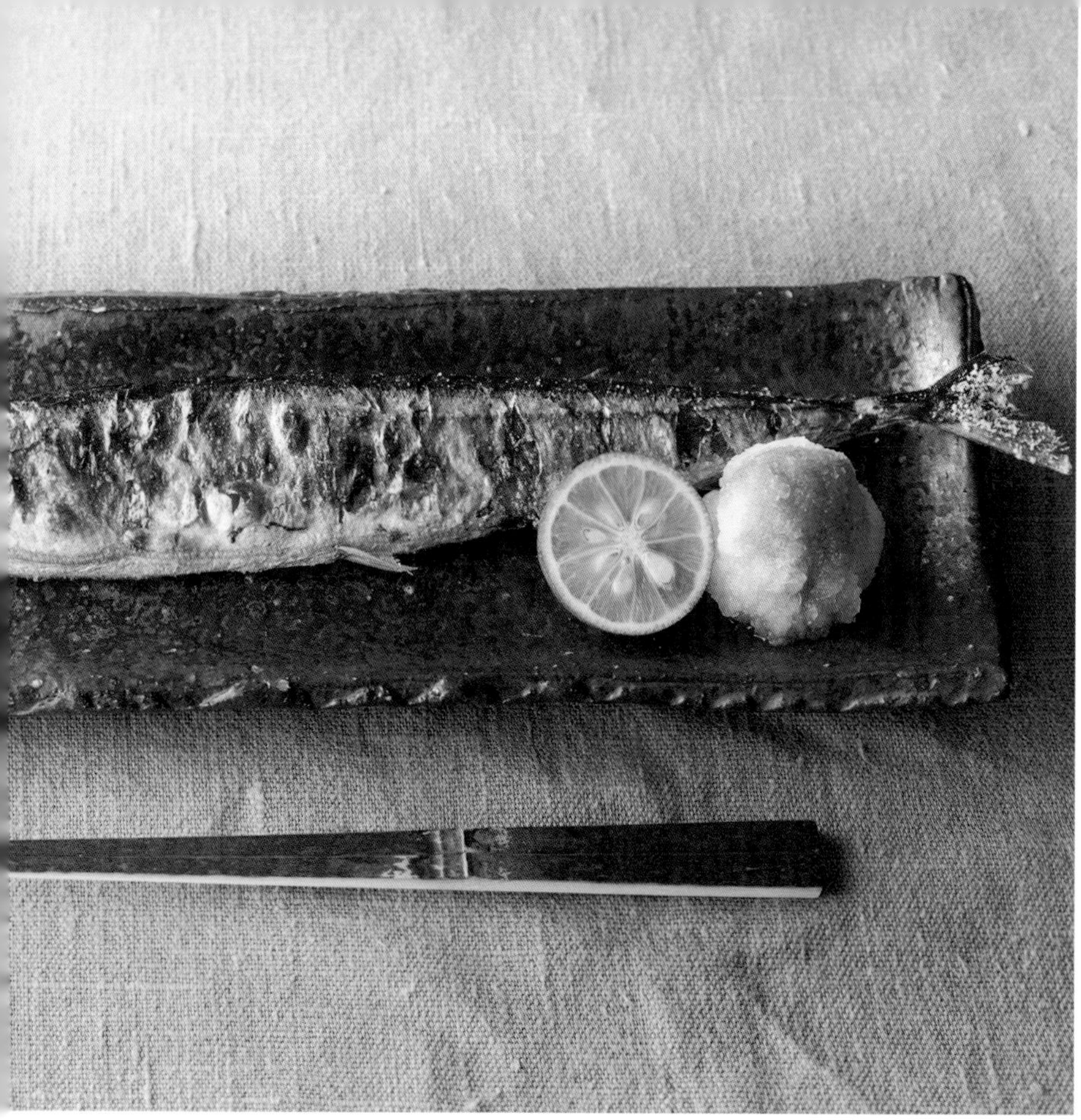

さんまの塩焼き

「わたの苦みもたまらないから、下処理せずに、そのまま食べて。」

材料（2人分）

さんま…2尾
塩…適量
大根…100g
しょうゆ…少々

調理時間 15分

作り方

1. さんまは水けをふいて塩を両面にまんべんなく振る。焦げやすい尾に塩をやや多めにすり込む。
2. すぐに魚焼きグリルでこんがりとするまで10分ほど焼く。
3. 大根はすりおろし、ざるに入れて軽く汁けをきる。
4. 器に**2**、大根おろしを盛ってしょうゆをたらし、あればすだちを半分に切って添える。

さんまに**水けがついたままだと塩がつきにくいので、きちんとふきとって**から塩を振ろう。尾は焦げやすいから、焼け落とさないために塩をたっぷりすり込むとよい。この化粧塩の効果で見栄えもよくなる。塩を振って焼くだけでこんなにうまい。秋ならではのぜいたくだ。

「20㎝くらいの高さから振ると、塩はまんべんなく行き渡る。」

銀だらの西京焼き

「みそを塗ったら2日おく。
味がしっかりしみて、焼くだけでうまい。」

材料（作りやすい分量）

銀だら…6切れ
塩…少々
A みそ…100g
　酒、砂糖…各40g

調理時間 15分
※ 塩を振っておく時間、冷蔵室でつける時間は除く

作り方

1 銀だらは塩を振り、キッチンペーパーの上で30分ほどおいて、出てきた水けをしっかりとふく。

2 **A**はよくまぜ合わせ、**1**の表面に塗りつけてバットに入れてラップをかけ、冷蔵室で2日おく。焼く前にみそをぬぐい、魚焼きグリルで7〜8分焼く。焦げそうな場合はアルミホイルをかぶせて調節する。器に盛り、あればすだちをくし形切りにして添える。

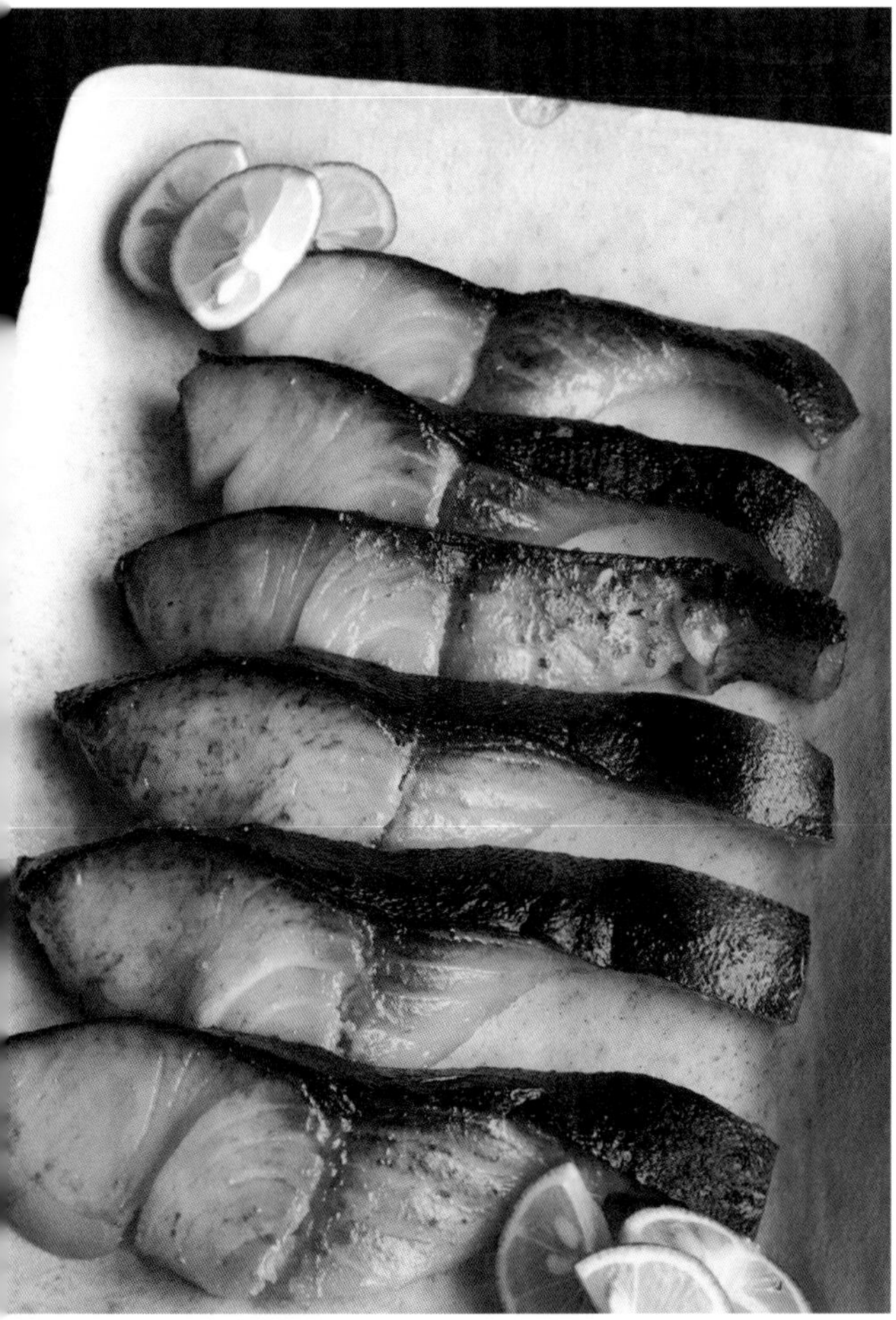

「尾には
塩をすり込んで
焦げるのを防ぐ。」

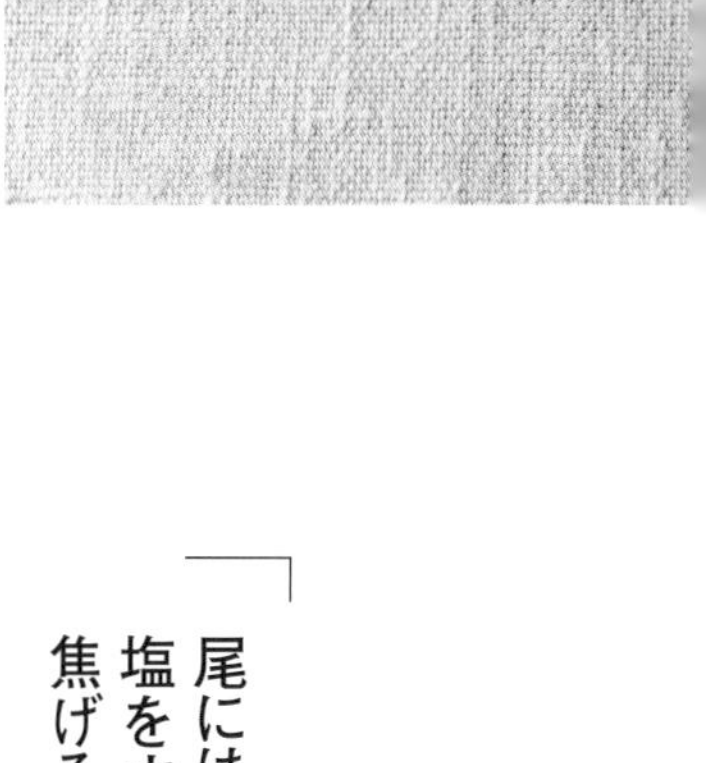

いかと里いものじか煮

「里いもは下ゆで不要。素朴な料理は気どらずに作ってこそのおいしさがある。」

材料（作りやすい分量）

するめいか…2はい
里いも…6個
A だし…2カップ
酒…$\frac{1}{2}$カップ
しょうゆ…大さじ3
砂糖…大さじ2$\frac{1}{2}$

調理時間 30分

作り方

1. いかは足を引き抜いて内臓を除き、胴は皮つきのまま1㎝幅の輪切りにし、足は2本ずつ切り分ける。里いもは一口大に切る。
2. なべに**1**と**A**を入れて火にかけ、煮立ったらアルミホイルで落としぶたをして15分ほど煮る。
3. 里いもに竹ぐしを刺してすっと通ったら火を強め、少し煮詰める。器に盛り、あればゆずの皮のせん切りを散らす。

「里いものぬめりがとろみになって、いかにも味がよくからむ。」

豚汁

「僕はさっぱりとした豚汁が好きだから、肉はいためずに、ゆでてから使う。」

材料（3〜4人分）

豚バラ薄切り肉…200g
大根…100g
にんじん…50g
ねぎ…1本
えのきだけ…½袋
こんにゃく…100g
だし…4カップ
みそ…大さじ4
みりん…大さじ2
七味とうがらし…少々

調理時間 25分

作り方

1 大根は5㎜厚さのいちょう切りにし、にんじんは5㎜厚さの半月切りにする。ねぎは1㎝厚さの斜め切りにし、えのきは根元を除いて長さを半分に切り、ほぐす。

2 こんにゃくは1㎝厚さに切ってから長さを半分に切り、水から5分ほど下ゆでし、湯をきる。

3 豚肉は5㎝長さに切る。なべに湯を沸かして豚肉をくぐらせ、色が変わったらざるに上げて湯をきる。

4 なべにだし、**1**、**2**、**3**を入れて火にかけ、煮立ったら弱火にして大根がやわらかくなるまで7〜8分煮る。みそをとき入れ、みりんを加えてさっと煮る。器に盛り、七味を振る。

「みりんで風味をよくして、あとを引くやさしい甘みに。」

ひじきの煮物

「もどす時間を惜しむと、乾物くささが残ってしまう。ぬるま湯に30分つけ、洗ってから水に1時間つけるとまちがいなくおいしくできる。」

ひじきや切り干し大根などの乾物は、干すときにつく独特のくさみが大敵。だが、**時間をかけてもどすこと**で、乾物くささの大半はとれるし、食感もぐっとよくなる。半日くらい水につけっぱなしでもいいので、前の晩から水にひたしておいてもかまわない。さらに**しっかり水をしぼることも重要。味は水分が抜けたところに入っていく**から、よくしみてくれる。多めの油でいためて、煮汁を加えたら強火でガーッと一気に煮よう。

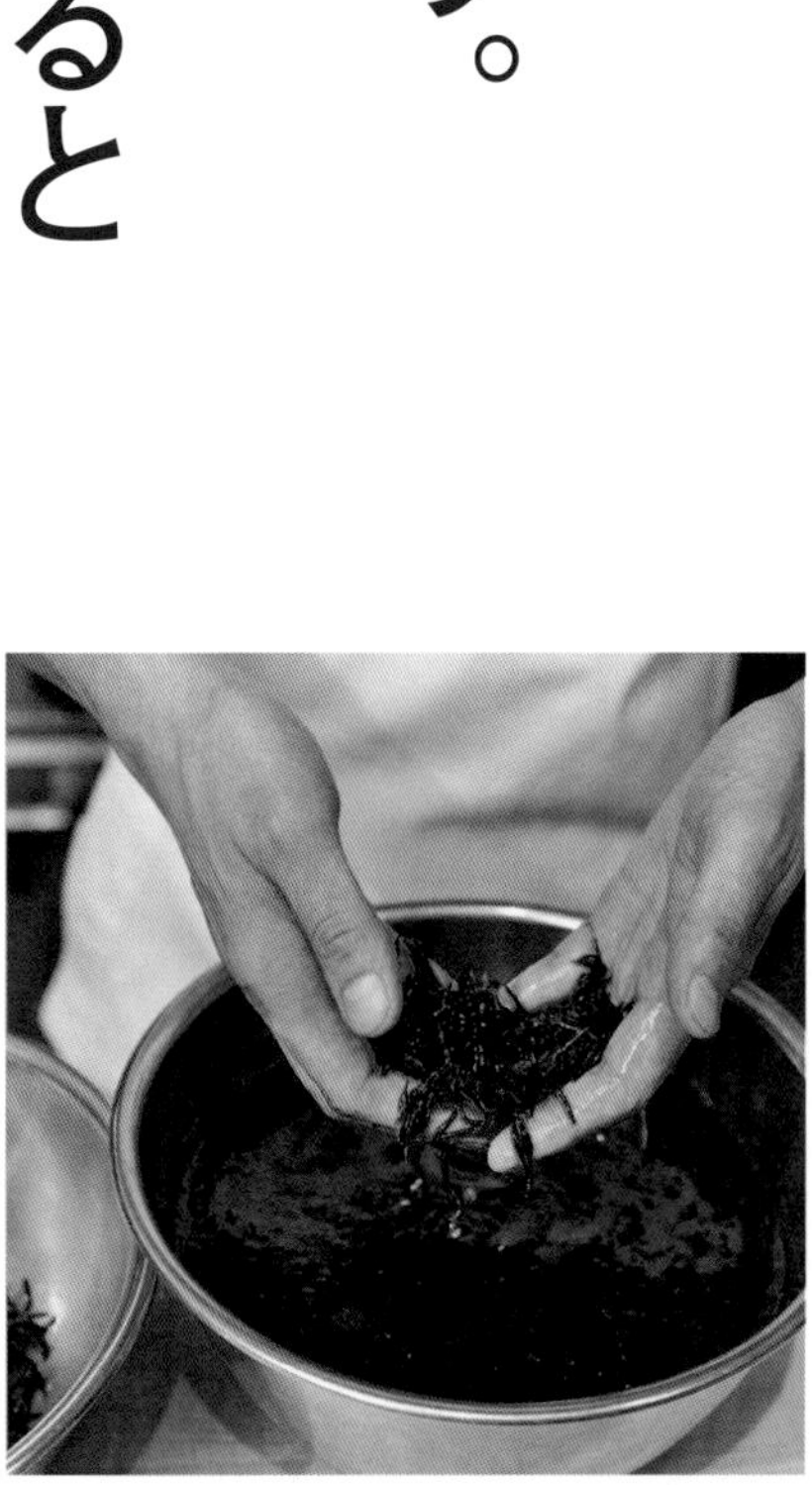

「めんどうと思わずに、両手で少しずつすくい上げる。」

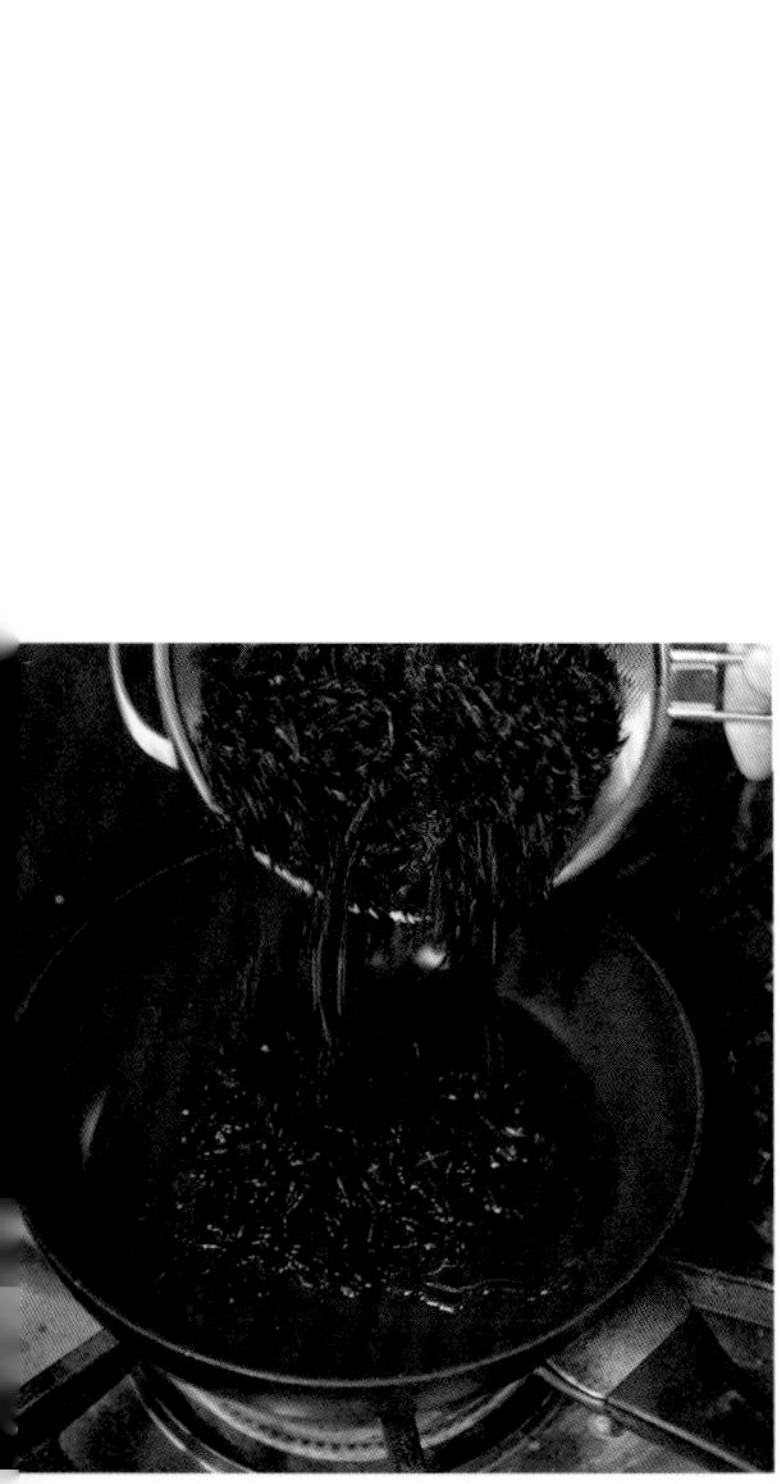

「ひじき、野菜の順に油でしっかりいためて、コクを加える。」

にんじんと油揚げは
ひじきとそろえるように
細切りにすると
美しく仕上がる。

材料（2人分）

ひじき（乾燥）…30g
にんじん…½本
油揚げ…1枚
サラダ油…大さじ2

A
だし…1½カップ
しょうゆ…大さじ3
砂糖…大さじ1½

調理時間 20分

※ひじきをもどす時間は除く

作り方

1 ひじきはたっぷりのぬるま湯につけて30分ほどおき、もどす。新しい水にかえてさらに1時間おく。水けをきるときは、下に残っているゴミが入らないように手ですくい上げ、しっかりしぼってざるに移す。

2 にんじん、油揚げはせん切りにする。

3 フライパンにサラダ油を熱し、ひじきを入れて全体に油が回るくらいまでいためる。**2**を加えて2分ほどいため、野菜にも油をしっかり回す。

4 油がなじんだら、**A**を加え、汁けがなくなるまで強火で煮る。

こんにゃくの煮物

「味をしっかり入れるには、ちりちり音がするまでいためる。」

材料（2〜3人分）

こんにゃく…1枚
赤とうがらし…1本
A　だし…$1\frac{1}{2}$カップ
　　みりん、しょうゆ…各大さじ2
　　砂糖…大さじ1
ごま油…大さじ1

調理時間 30分
※味を含ませる時間は除く

作り方

1. こんにゃくは1㎝厚さに切り、まん中に縦に2㎝ほどの切り込みを入れる。その切り込みに片端をくぐらせて手綱こんにゃくにする。なべに入れ、水から5分ほど下ゆでし、湯をきる。
2. 赤とうがらしはへたと種を除き、小口切りにする。
3. フライパンにごま油を熱して**1**を7〜8分いため、**2**を加えてさっといためる。
4. **A**を加えて中火のまま10分ほど煮る。火を止め、キッチンペーパーをかぶせて冷まし、味を含ませる。器に盛り、あれば木の芽をのせる。

「手綱にして表面積をふやし、少し縮れるまでいため、味しみをよくする。」

もやしのナムル

「隠し味にこぶ茶を使って
うまみたっぷりに仕上げる。」

材料（3〜4人分）

もやし…2袋
塩…少々
A
- ごま油…大さじ3
- みりん、しょうゆ…各大さじ1
- こぶ茶…小さじ⅓

いり白ごま…大さじ1

調理時間 10分

※冷ます時間、冷蔵室でおく時間は除く

作り方

1. もやしはひげ根をとる。
2. なべに湯を沸かし、**1**を入れて30秒ほどゆで、ざるに上げる。熱いうちに塩を振り、そのまま冷ます。
3. ボウルに入れて**A**を加え、まんべんなくあえる。冷蔵室に入れて30分ほどおき、味をなじませる。器に盛り、ごまを振る。

「水っぽいのはだめ。
塩を振って
冷ましながら
水分をとばして。」

きんぴらごぼう

「ごぼうとにんじんは細く切ってふんわりとした食感に仕上げる。」

材料（2人分）

ごぼう…150g
にんじん…60g
A 酒…大さじ3
　しょうゆ…大さじ2
　砂糖…大さじ1
いり白ごま…大さじ1
一味とうがらし…少々
サラダ油…大さじ2

調理時間 15分

作り方

1 ごぼうはよく洗って5㎝長さのせん切りにし、さっと洗って水けをきる。

2 にんじんは5㎝長さのせん切りにする。

3 フライパンにサラダ油を熱し、**1**、**2**を5分ほどいためる。**A**を加えて汁けがほぼなくなるまでいため合わせる。器に盛り、ごま、一味を振る。

「細く切ると表面積がふえて調味料がよくなじむ。」

きゅうりの酢の物

「合わせ酢を2回に分けてかけると、味がぼやけない。」

材料（2人分）

きゅうり…2本
しょうがのせん切り…20g
塩…大さじ1
A だし、酢…各$\frac{3}{4}$カップ
砂糖…60g
薄口しょうゆ…大さじ1
いり白ごま…少々

調理時間 10分

※塩をまぶしておく時間、つける時間は除く

作り方

1 きゅうりはへたを切り落として薄い小口切りにする。ボウルに入れて塩をまぶし、10分ほどおいてしんなりさせる。さっと洗って水けをしぼり、ボウルに入れる。

2 **A**の少量を加えて手でなじませ、水けをしぼる。

3 残りの**A**に、しょうが、**2**を加えてつけ、1時間ほどおく。器に盛り、ごまを振る。

「合わせ酢にだしを加えているから、上品な味わいになる。」

ちらし寿司

「具材はまとめて煮て〝ちらし寿司のもと〟を作っておく。」

お店の場合は具材を1種類ずつていねいに仕込んでいくけれど、家庭向けならまとめて煮る手軽な方法で。根菜類は全部そろえなくてもいいけれど、**味のまとまりが断然よくなるので、干ししいたけは準備しておいてほしい。**ごはんとすし酢をまぜるとき、盤台《はんだい》がなければ、大きいボウルを使えば大丈夫。あおがないからうちわも不要。仕上げにイクラなどをのせれば、ハレの日にも重宝する。

材料（3～4人分）

- 卵…2個
- ごぼう…80g
- にんじん…50g
- れんこん…80g
- 絹さや…8枚
- 干ししいたけ…4個
- 桜でんぶ…20g
- 炊きたてのごはん…600g
- **A** みりん、しょうゆ…各大さじ2 / 砂糖…大さじ1
- **B** 塩、砂糖…各少々
- **C** 砂糖…大さじ1 / 薄口しょうゆ…小さじ½
- **D** 酢…大さじ5 / 砂糖…大さじ2 / 塩…小さじ2
- サラダ油…少々

作り方

1. 干ししいたけは水2カップに1時間ひたして、もどす。
2. ごぼうは洗ってささがきにし、にんじんは5㎝長さの細切りにし、れんこんは薄いいちょう切りにする。
3. 干ししいたけは軸を除いて薄切りにし、なべにもどし汁とともに入れて火にかける。煮立ったら**2**を加えてアクをとり、**A**を加えて煮汁がなくなるまで煮て、火を止める。
4. 絹さやはさっとゆで、ざるに上げて**B**を振る。ボウルに卵をといて**C**をまぜ、フライパンにサラダ油を熱して½量ずつ流し、薄焼き卵を2枚焼く。絹さやとともにせん切りにする。
5. **D**をよくまぜてすし酢を作る。盤台《はんだい》にごはんを入れてすし酢を回しかける。しゃもじで切るようにまぜ、すし飯を作る。
6. **3**のあら熱がとれたら、すし飯に加える。具がまんべんなく行き渡るようにしゃもじで切るようにしてまぜる。
7. 器に盛り、錦糸卵、絹さや、桜でんぶなど、好みの具を彩りよく散らす。

調理時間 50分

※干ししいたけをもどす時間は除く

具材は煮汁がなくなるまでしっかり煮上げる。

すし飯は手早くまぜれば、うちわであおぐ必要なし。

しゃもじで切るようにまぜれば、具がまんべんなく行き渡る。

家ごはんのコツ❶

家ごはんは気楽な組み合わせで

前日の残りのおかずと
家にある野菜を切って食卓に並べる。
そんなイメージで、〝献立〟を
〝料理の組み合わせ〟ととらえてみると、
気持ちが楽になるかもしれない。

「主菜は肉か魚を焼くだけでいい。」

主菜、副菜、汁物をいっぺんに考えようとするとむずかしくなる。まず、主菜だけを何にするか考えてみる。思いつかなければ、スーパーに行って値ごろ感のあるものを見てから決めても。肉か魚かを選んで、それでもどんな料理を作るか迷ってしまったら、それを焼くだけ、煮るだけで主菜を作ればいい。野菜を組み合わせないといけないと思いがちだが、野菜は副菜や汁物で補給できるから、無理に合わせる必要はない。

「1つの野菜を切るだけでも立派な副菜だ。」

副菜も手間をかけなくていいと思う。トマトなら食べやすい大きさに切っただけで1品になる。キャベツならざく切り、大根なら細切りにして塩もみするだけで。ちぎったレタスや薄切りにした玉ねぎに市販のドレッシングをかけるだけでもかまわない。少し手間をかけるとしても、ブロッコリーやほうれんそうなどをゆでておき、ごまあえやからしあえなどにすれば、時間をかけずに副菜ができ上がる。1つの野菜をシンプルな方法で手軽に食べる。それでいい。

「もちろん、できあいに頼ってもいい。」

僕は実家が焼き鳥屋で商店街で育ったので、近所の精肉店や乾物店の人が作ったお惣菜を食べることもよくあった。あたたかい味がして大好きだったなあ。だから、全部を自分で作ろうとがんばらなくてもいいと思う。できあいのもので気に入った味があれば、頼ればいい。たいせつなのは「日々楽しく食べること」だと思っている。

◎ ある日の夕飯の組み合わせ例

鶏肉をそのまま焼き、野菜1種の副菜と簡単な汁物を添えます。

じゃがいものごまきんぴら

❶じゃがいも（メークイン）2個は太めのせん切りにし、さっと洗う。
❷酒大さじ3、しょうゆ大さじ2、砂糖大さじ1をまぜる。
❸フライパンにごま油大さじ1を熱し、①をいためる。しんなりしたら、②とすり白ごま大さじ2を加えて強火でいため合わせ、一味とうがらし少々を振る。

鶏肉のパリパリ焼き

●95ページ参照

もずくととうふのみそ汁

❶もずく（生）50gはさっと洗い、食べやすく切る。木綿どうふ100gは1㎝角に切る。
❷なべにだし2カップを入れて火にかけ、煮立ったらみそ大さじ$1\frac{1}{2}$～2をとき入れる。①を加えて火を弱め、具をあたためる。

＊レシピの材料と作り方は2人分です。

第2章

和食の知恵で春夏秋冬を味わう

季節野菜は、あれこれせずに食べる。

旬を迎えた野菜や根菜類は、
色つやのよい新鮮なものを選べば、
蒸すだけ、煮るだけでもおいしいもの。
この章では、季節の食材がもつうまみの力を引き出す、
最もシンプルでおいしい調理法を紹介する。
四季のうつろいを感じてもらえる料理ばかりだ。

【春】

甘みのあるグリーンアスパラガスや春キャベツは、その甘みを生かしながら、ほどよく塩けをきかせた味つけで。苦みのある菜の花、アクの強いたけのこは、下ゆでのかげんが重要。どの野菜もみずみずしさを生かして、味つけをしすぎないで。

焼くか蒸すかで グリーンアスパラガス

ゆでてサラダにすることもあるが、焼いたり蒸したりするほうが甘みやうまみが凝縮してもっとおいしい。ただし、歯ごたえを残したいので、加熱しすぎには注意。また、やわらかい穂先よりも根元に近い茎のほうがうまみが強いから、食べくらべてみて。

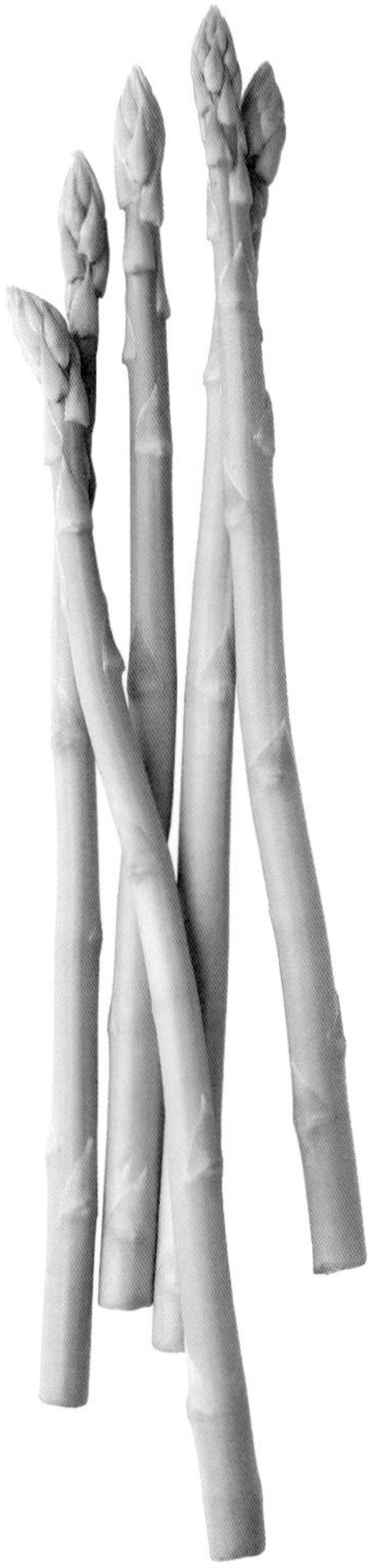

【目利き】

穂先がしまっていて茎に張りがあるものがよい。切り口がみずみずしいものが新鮮で、乾燥しているものは鮮度が落ちているので避けて。

根元のかたい部分は切らずに折る。

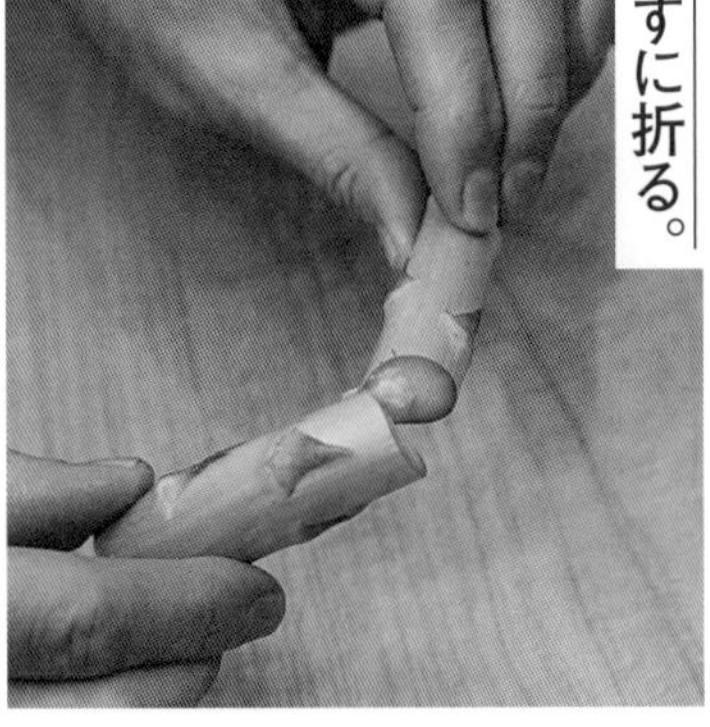

根元の皮はかたそうだったらピーラーでむいて。

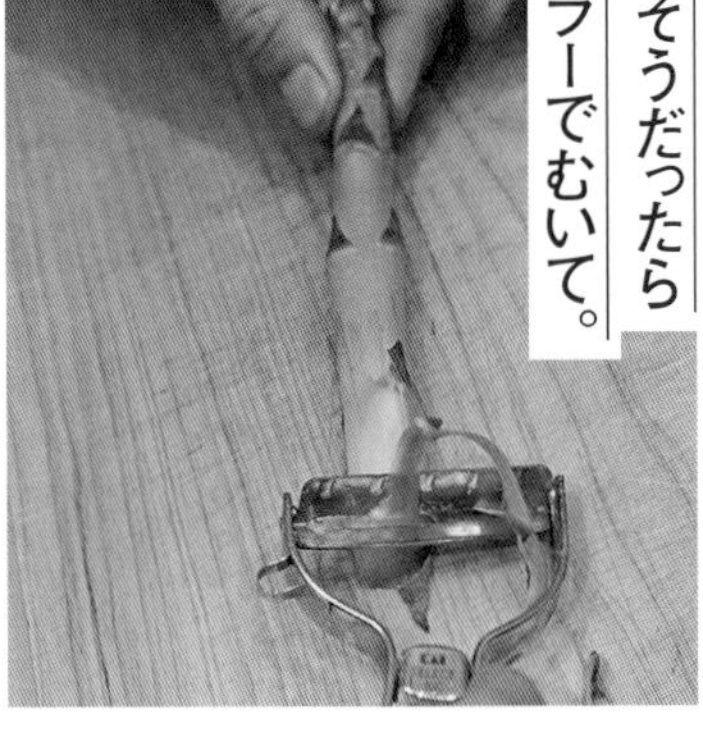

「ごちそうは茎の歯ごたえ。
まずは長いままで焼く。」

アスパラ豚巻き照り焼き

材料（2人分）

グリーンアスパラガス（太め）
…4本
豚バラ薄切り肉…4枚（約120g）
大根…100g
小麦粉…適量
A　酒、みりん、しょうゆ
…各大さじ2
砂糖…大さじ½
サラダ油…大さじ1
一味とうがらし…少々

調理時間 15分

作り方

1. 大根はすりおろし、ざるに入れて汁けをきる。
2. アスパラは根元のかたい部分を折り、下⅓ほどの皮をピーラーでむく。1本につき豚肉を1枚ずつらせん状に巻きつけ、穂先は少し出す。小麦粉を全体にまぶし、手でにぎって形をととのえる。
3. フライパンにサラダ油を熱し、2の巻き終わりを下にして並べ入れる。焼き固まったら、全体に焼き色がつくように焼く。
4. 余分な脂をキッチンペーパーでふき、Aを加えてからめる。
5. 器に盛り、1を添えて一味を振る。

「しっかりと焼き目をつけて、
和の味つけを洋風の装いで。」

焼きアスパラ トマトドレッシング

材料（2人分）

グリーンアスパラガス（太め）…4本
トマト…½個
万能ねぎ…3本
しょうが…5g
A　太白ごま油（またはサラダ油）…大さじ2
　薄口しょうゆ…小さじ2
　酢…小さじ1
　砂糖…ひとつまみ
　あらびき黒こしょう…少々
サラダ油…大さじ1
塩…少々

調理時間 15分

作り方

1. トマトはへたを除き、あらく刻んでから包丁でたたいて、ペースト状にする。
2. 万能ねぎは小口切り、しょうがはすりおろす。ボウルに入れ、**1**と**A**を加えてまぜ合わせ、冷蔵室で冷やす。
3. アスパラは根元のかたい部分を折り、下⅓ほどの皮をピーラーでむく。
4. フライパンにサラダ油を熱し、**3**を並べ入れる。返しながら焼き目がつくまで焼き、塩を振る。
5. 器に**2**を広げて盛り、**4**を並べる。

蒸しアスパラ 自家製マヨネーズがけ

材料（2人分）

グリーンアスパラガス（太め）
…4本
イクラのしょうゆ漬け（市販品）
…20g

A
- 卵黄…3個分
- 酢…大さじ4
- はちみつ…大さじ½
- 塩…小さじ1
- 太白ごま油（またはサラダ油）…1¼カップ

あらびき黒こしょう…少々

＊マヨネーズは作りやすい分量。
冷蔵で約5日保存可。

調理時間 10分

※卵黄を室温にもどす時間は除く

作り方

1. 自家製マヨネーズを作る。**A**の卵黄はボウルに入れて室温にもどす。酢、はちみつ、塩を加え、泡立て器でよくまぜる。なめらかになったら、太白ごま油を少しずつ注ぎながら泡立て、乳化させる。
2. アスパラは根元のかたい部分を折り、下⅓ほどの皮をピーラーでむく。
3. 蒸気が上がっている蒸し器に入れ、強火で1分ほど蒸す。ざるに上げ、少しあたたかさが残る程度まで冷まし、長さを半分に切る。
4. 器に盛って**1**を適量かけ、黒こしょうを振ってイクラをのせる。

蒸し器がない場合は　フライパンに水大さじ6を入れてふたをして、強火で2分ほど蒸し焼きにする。

「蒸すことで甘みとうまみが凝縮される。」

春キャベツ

味つけや火入れは最小限に

春キャベツは生でも甘みを感じられるから、味つけは控えめがいい。ざくざく切って塩こぶであえるだけでも十分においしいし、みずみずしいから油脂分を少し加えてコクをプラスすると、さらにどんどん食べられる。加熱時間も控えめに。あまり火を入れず、ふんわりとした心地よい食感をダイレクトに味わってほしい。

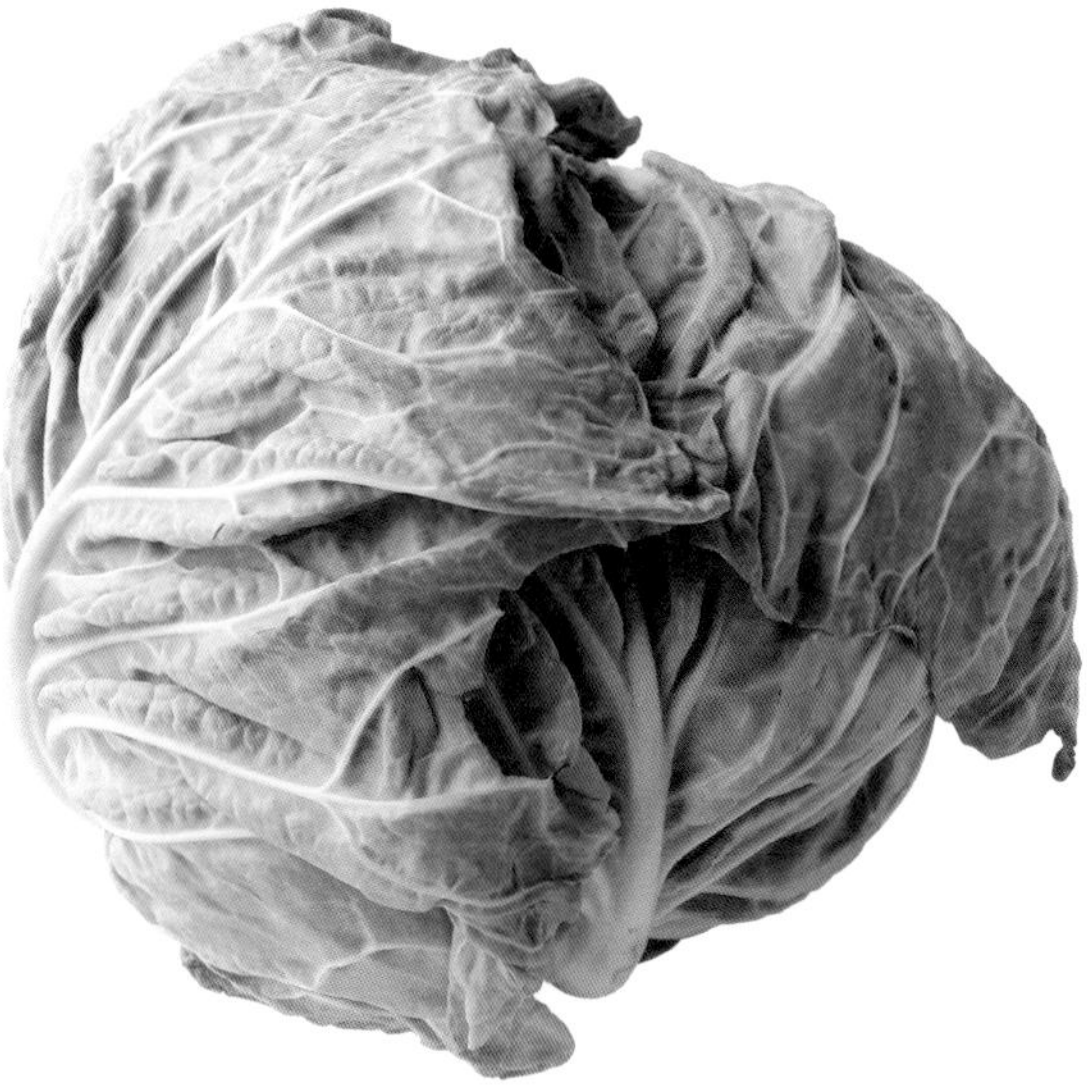

［目利き］

葉の巻きがゆるく、緑色が濃く、全体に張りのあるものがよい。カットされたものは切り口がみずみずしいものを選んで。

外側の葉2〜3枚は通称〝鬼っ葉〟。かたいので調理に使わず、蒸し物の下に敷いて使って。

軸がかたければ、V字に切りとって使う。

いため物には、食べやすく刻んで火を通りやすくして。

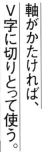

韓国風バリバリキャベツ

材料（2人分）

春キャベツ…¼個
いり白ごま…大さじ1
A にんにくのすりおろし…小さじ½
ごま油、酢、コチュジャン、はちみつ…各大さじ1
しょうゆ…大さじ½

調理時間 10分

※キャベツを水につける時間は除く

作り方

1. キャベツは大きめのざく切りにし、水に10分ほどつけてパリッとさせる。水けをしっかりきる。
2. ボウルに**A**をまぜ合わせ、**1**を加えて手で大きくまぜる。
3. 器に盛り、ごまを振る。

切ってから水につけることでキャベツが水分を吸って食感がよくなる。

「みずみずしさ、ふんわりとした食感。まず味わってほしいのは、こんな料理。」

春キャベツと手羽元のスープ煮

「手羽元のうまみをキャベツに吸わせながら煮る。」

材料（2人分）

春キャベツ…½個
鶏手羽元…6本
エリンギ…1本
塩…適量
A こぶ（だし用）…5g
水…2½カップ
酒…½カップ
B みりん、薄口しょうゆ
…各大さじ2

調理時間 30分

※鶏手羽元に塩を振っておく時間は除く

作り方

1 手羽元は塩少々を振り、10分ほどおく。なべに湯を沸かし、沸騰したら手羽元を入れてさっとゆで、ざるに上げる。

2 なべに**1**と**A**を入れて火にかける。煮立ったら弱火にして15分ほど煮る。途中アクが浮いてきたら、除く。

3 キャベツは大きめのざく切りにし、エリンギは縦6等分に切る。

4 **2**に**B**、**3**を加え、キャベツがくたっとやわらかくなるまで7〜8分煮る。塩で味をととのえ、器に盛ってあれば木の芽を添える。

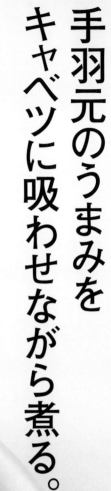

「キャベツもいかも甘みが強いから、
多めのこしょうで辛みをきかせる。」

春キャベツとやりいかの黒こしょういため

材料（2人分）

春キャベツ…¼個
やりいか…小3ばい
玉ねぎ…¼個
貝割れ菜…⅓パック
塩…少々
A 酒…大さじ2
　薄口しょうゆ…大さじ1
あらびき黒こしょう…適量
サラダ油…大さじ2
レモン…¼個

調理時間 20分

作り方

1 やりいかは胴から内臓と足を抜いて軟骨をとり、胴の中を洗ってきれいにし、輪切りにする。足はわたを切り落とし、目とくちばしを除く。足の先を切り落とし、食べやすく切る。

2 キャベツはざく切りにする。玉ねぎは縦薄切りにし、貝割れ菜は根元を切り落として長さを3等分に切る。

3 フライパンにサラダ油を熱し、キャベツ、玉ねぎを入れて塩を振り、いためる。野菜がしんなりしたら**1**を加えてさっといため、**A**で調味する。仕上げに貝割れ菜を加え、さっといためる。

4 器に盛って黒こしょうをたっぷり振り、レモンを添える。

【春】

火の通し方で苦みをもっとおいしく

菜の花

火の通しぐあいに気をつけるだけで格段においしくなる食材。焼くときはしっかり焼くと、苦みがほどよくやわらぎます。ゆでるときは80度ほどの湯を使うと、酵素が働いてうまみや香りを引き出すことができるので、試してみて。

水に10分つけると加熱してもシャキッと仕上がる。

［目利き］

花が咲いておらず、蕾《つぼみ》が密集しているものがよい。葉や茎がシャキッとしたものが新鮮。鮮度が落ちた、根元の切り口が変色したものは避けて。

菜の花とかつおのからしあえ

作り方

1. 菜の花は根元を２㎝ほど切り落とし、洗ってから水に10分ほどつける。
2. なべにたっぷりの湯を80度ほどに沸かして塩を入れ、1を根元から入れて全体を沈め、１～２分ゆでる。氷水にとって冷まし、水けをしっかりしぼり、長さを半分に切る。
3. かつおは一口大のそぎ切りにする。ねぎは小口切りにする。
4. ボウルにAを入れてまぜ合わせ、2、3を入れてさっとあえる。器に盛り、ごまを振る。

調味したときに
味がぼやけないように
ゆでたらギュッとしぼる。

材料（2人分）

菜の花…½束
かつお（刺し身用）…100g
ねぎ…¼本
塩…少々
A　しょうゆ…大さじ2
　　みりん、ごま油…各大さじ1
　　ねりがらし…小さじ½
いり白ごま…小さじ1

調理時間 10分
※菜の花を水につける時間は除く

「やや焼きすぎにして
苦みをうまみに変える。」

菜の花ベーコンエッグ

材料（2人分）

菜の花…½束
ベーコン…4枚
卵…2個
塩、あらびき黒こしょう…各適量
酒…大さじ1
サラダ油…大さじ2

調理時間 10分
※菜の花を水につける時間は除く

作り方

1. 菜の花は根元を2㎝ほど切り落とし、洗ってから水に10分ほどつける。水をきり、キッチンペーパーでしっかりふきとる。
2. ベーコンは半分に切る。
3. フライパンにサラダ油を熱し、1、2を入れて焼く。返しながら菜の花にしっかり焼き目をつけ、塩、黒こしょう各少々を振る。卵を割り入れて弱火にし、あいているところに酒を加えてふたをし、半熟状になったら火を止める。器に盛り、塩、黒こしょう各適量を振る。

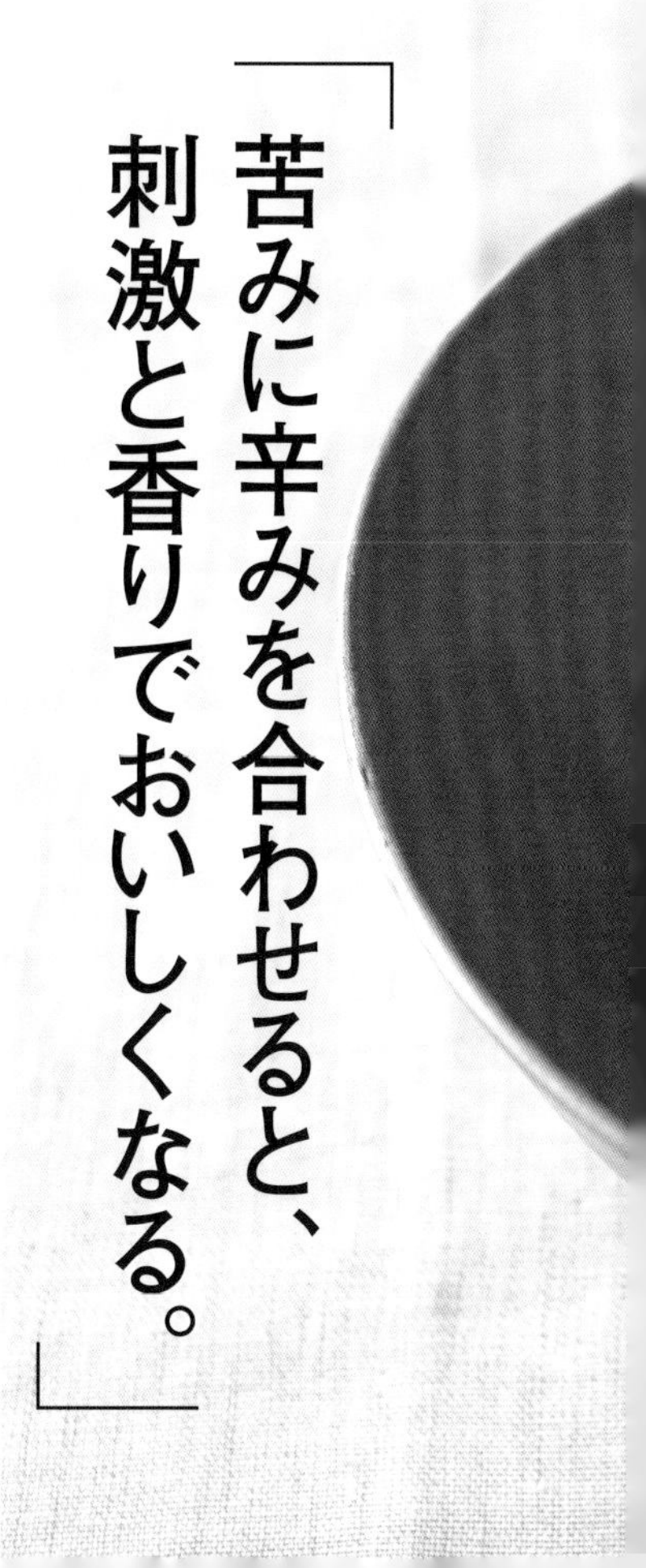

「苦みに辛みを合わせると、
刺激と香りでおいしくなる。」

【春】

たけのこ

皮つきのままゆで、アクをしっかり抜く

生のたけのこは下ごしらえに時間がかかるので敬遠されがちだが、市販のゆでたけのことは、風味も食感もまったく違うので〝イベント感覚〟で季節に一度はぜひ食してほしい。たけのこは掘ってすぐからアクが出始め鮮度も落ちやすいので、買ったらすぐに下ゆでを。

たけのこの下ごしらえ

1 たけのこ２本（1kg）は洗い、あとで皮がむきやすいように穂先を斜めに切り落とす。切り口から縦に少し深めに切り込みを入れる。根元を少し切り落とす。皮はむかない。

2 なべにたけのこを入れ、赤とうがらし２本、米ぬか２カップを入れ、かぶるくらいの水を注ぎ、強火にかける。煮立ったら中火にし、1時間ほどゆでる。途中、水が少なくなってたけのこが顔を出したら、水を足す。

3 竹ぐしを根元に刺してみて、すっと通ればOK。そのままなべの中で冷ます。

保存 きれいに洗い、皮をつけたまま保存容器に入れ、水を注いでひたす。ふたをし、冷蔵で5日間保存できる。水は1日1回は交換する。

使うときは 切り込みに手を入れ、穂先をさわってみてやわらかいと感じられるところまで皮をむく。根元に近い部分は余分な皮を除き、茶色くかたい部分は包丁で削りとり、表面をきれいにする。穂先を少し切り落とし、縦半分に切る。

［目利き］

日に当たると穂先が黒っぽくなり、アクも強くなるので、日にあまり当たっていない、穂先が黄みがかったものがよい。ずっしりと重いものを選んで。

切り込みを入れ、火の通りをよく。

赤とうがらしと米ぬかを入れてゆでアクを抜く。

「山の幸のたけのこをだしで煮て
海の幸のわかめにうまみを移す。
〝出会いもの〟の傑作だ。」

若竹煮厚揚げ入り

材料（2人分）

たけのこ（下ゆでしたもの）
…1本
厚揚げ…1枚
わかめ…50g
A だし…2カップ
酒…¼カップ
みりん、薄口しょうゆ
…各大さじ2
木の芽…少々

調理時間 30分

※たけのこと厚揚げを冷ます時間は除く

作り方

1 たけのこは縦半分に切ってなべに入れ、かぶるくらいの水を注ぎ、水からゆでる。煮立ったら湯を捨て、冷水にとって冷ます。長さを半分に切り、穂先は1㎝厚さのくし形に切り、根元は縦半分に切って横に薄切りにする。

2 厚揚げは油抜きをし、8等分に切る。わかめはざく切りにする。

3 なべに**A**を入れてひと煮立ちさせ、**1**、厚揚げを入れて弱火で15分ほど煮る。火を止めて冷ます。わかめを加え、弱火で5分ほど煮る。

4 器に盛り、木の芽を添える。

ゆでこぼして
ぬかくささをとる。

【夏】

夏は太陽の光をたっぷり浴びた生り物の野菜が豊富な季節。淡泊ななす、甘ずっぱいトマト、みずみずしいきゅうり、ほろ苦いピーマン、甘いとうもろこしなど、味わいは多彩。持ち味を生かしたシンプルな調理法で味わおう。

なす

多めの油で加熱する

なすは油と相性がよく、油を吸うと食感がとろっとしてとてもおいしくなる。いためたり、揚げたりはもちろんだが、煮るときも油で加熱してから煮汁に加えると味わい深くなる。本来は淡泊な味わいだが、少し濃いめの味つけが、夏には合うと思う。

［目利き］

皮の色にむらがなく、張りとつやがあるものを。持ってみて重みを感じるものがよく、軽いものは中がすかすかしている可能性がある。

食感をそこなわないようになすを回しながらガクをそぎ落とす。

「多めの油でいためて
濃いめの味を
からませる。」

なすと鶏もものみそしぎ

材料（2人分）

なす…2個
鶏もも肉…1枚
ねぎ…½本
A 水…大さじ2
酒…大さじ3
みそ…大さじ2
砂糖…大さじ1
しょうゆ…大さじ½
サラダ油…大さじ3
糸とうがらし…少々

調理時間 15分

作り方

1 なすはガクをそぎ落として乱切りにする。ねぎは斜め薄切りにする。

2 鶏肉は一口大に切る。**A**はまぜ合わせる。

3 フライパンにサラダ油を熱し、鶏肉を皮目を下にして並べ入れて焼く。焼き目がついたら上下を返し、**1**を加えていためる。野菜がしんなりしたら、**A**を加えていため合わせる。調味料がよくからまったら、器に盛って糸とうがらしを散らす。

「黒酢で味つけすると、
肉がなくても
なすだけでごちそうになる。」

なすの黒酢うま煮

材料（2人分）

なす…3個
青じそ…5枚
A 黒酢、酒…各大さじ2
　砂糖…大さじ1
　しょうゆ…大さじ1½
　一味とうがらし…少々
水どきかたくり粉…大さじ1
揚げ油…適量

調理時間 15分

作り方

1. 青じそはせん切りにする。
2. なすはガクをそぎ落として四つ割りにする。
3. なべに揚げ油を170度に熱してなすを入れ、しんなりするまで1〜2分素揚げにし、油をきる。
4. フライパンにAを入れて火にかけ、ひと煮立ちしたら3を加えて煮からめる。水どきかたくり粉を加え、とろみをつける。
5. 器に4を盛り、1をのせる。

「なすに
豚バラの脂を吸わせて
コクをプラスする。」

豚なすキムチ

材料（2人分）

豚バラ薄切り肉…200g
なす…2個
ピーマン…2個
白菜キムチ…100g
A
- 酒…大さじ3
- しょうゆ、みりん…各大さじ1
- 砂糖…小さじ1

ごま油…大さじ2

調理時間 15分

作り方

1 なすはガクをそぎ落として一口大の乱切りにする。ピーマンはへたと種をとり、縦細切りにする。豚肉は3㎝幅に切る。**A**はまぜ合わせる。

2 フライパンにごま油を熱し、豚肉を入れていためる。ほぐれてきたらなす、ピーマンを加え、なすがしんなりするまでいためる。**A**を加えていため、キムチを加え、香りが立つまでいため合わせる。

加熱するならさっと

トマト

色に元気をもらえる食材。通年で出回っているが、魅力の甘ずっぱい味わいは夏がいちばん充実している。その甘ずっぱさを楽しむには、少し塩けを足して生で食べるのがおすすめ。火を通すときには、さっと。加熱しすぎると形がくずれてソースっぽくなってしまうから気をつけて。

［目利き］

皮の色が全体に均一でつやと張りがあるものを。へたが緑色でピンとしているものは新鮮で、黄変しているものは鮮度が落ちているので注意を。

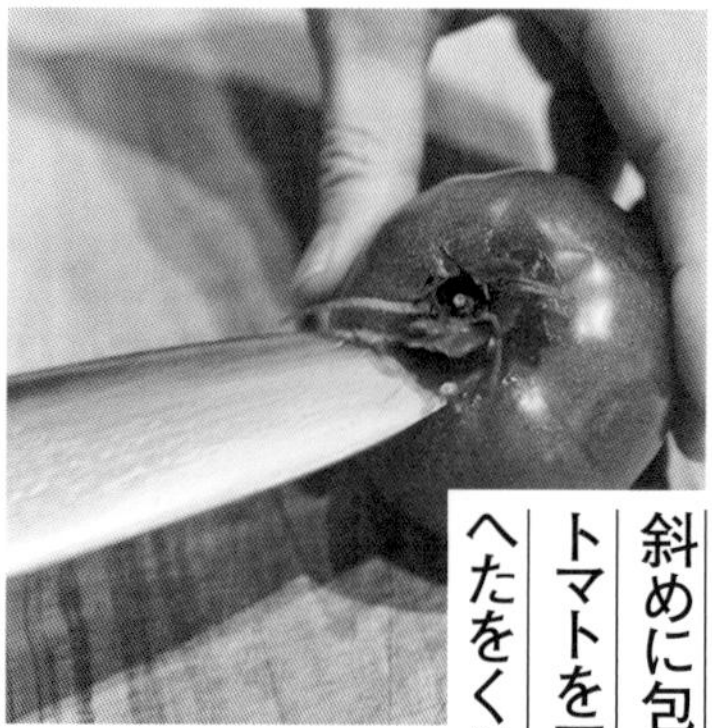

斜めに包丁の刃先を入れ、トマトを回しながらへたをくりぬく。

縦半分に切って中心から等分に切り、くし形に。

縦半分に切ってから、横に2～3㎜厚さに切って薄切りに。

トマトの焦がし砂糖いため

「コクを深めたいなら、
砂糖で焦がす。
中華料理の手法を使って、
いつもと違う味にする。」

材料（2人分）

トマト…3個
貝割れ菜…½パック
A 砂糖…大さじ1½
　しょうゆ、サラダ油…各大さじ1
あらびき黒こしょう…少々

作り方

1. トマトはへたをとって縦半分に切り、乱切りにする。貝割れ菜は根元を切り落として、長さを半分に切る。
2. フライパンに**A**を入れて熱し、フライパンを揺すりながら砂糖が香ばしく色づくまで加熱する。1を入れて強火にし、さっといため合わせる。
3. 器に盛り、黒こしょうを振る。

調理時間 10分

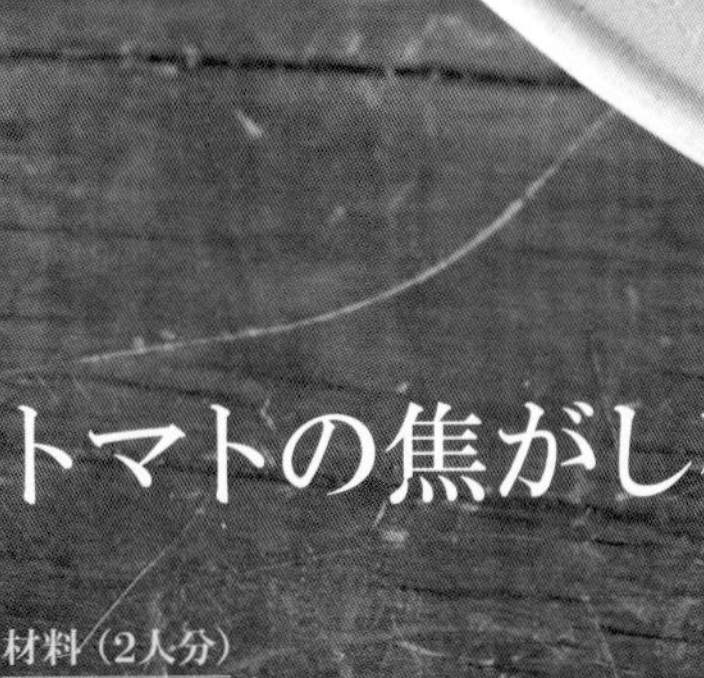

乱切りにして、
短時間でも
火が入りやすく。

「形がくずれないように さっと煮て、冷ましながら味を含ませる。」

トマトの冷やしおでん

材料（3～4人分）

トマト…4個
ちくわ…2本
うずらのゆで卵…8個
A　だし…3カップ
　みりん、薄口しょうゆ…各大さじ2
　砂糖…大さじ½
　塩…小さじ⅓
青じそ…3枚

調理時間 20分

※冷ます時間、冷蔵室で冷やす時間は除く

作り方

1 トマトはへたをとる。なべに湯を沸かしてトマトをそっと入れ、皮が少しむけてきたら氷水にとり、皮をむく。ちくわは長さを半分に切る。

2 なべにA、ちくわ、うずらの卵を入れて弱火にかけ、10分ほど煮る。

3 トマトを加えてさっと煮て、火を止める。キッチンペーパーで落としぶたをし、冷ます。そのまま（または保存容器などに移して）冷蔵室に入れて冷やす。

4 トマトを縦半分に切ってちくわ、うずらの卵とともに器に盛り、煮汁を張り、せん切りにした青じそを添える。

＊保存するときは保存容器に移し、落としラップをして冷蔵保存。約3日保存可。

トマトと鶏胸肉のたたき

たたき風に、薄切りの鶏肉と合わせると生のトマトも立派な主菜になる。

材料（2人分）

トマト…2個
鶏胸肉…1枚
万能ねぎ…2本
みょうが…1個
青じそ…3枚
塩…少々
A
- しょうがのすりおろし…小さじ½
- サラダ油、酢、みりん、しょうゆ…各大さじ2

いり白ごま…小さじ1

調理時間 20分

作り方

1. 万能ねぎとみょうがは薄い小口切りにし、青じそはせん切りにする。
2. 鶏肉は皮を除いて5㎜厚さのそぎ切りにし、塩を振る。
3. フライパンを強火で熱して2を並べ、肉に火が通る程度に両面をさっと焼く。
4. トマトはへたをとって縦半分に切り、横に薄切りにする。
5. 器に3と4を彩りよく並べ、1を散らす。ごまを振り、Aをまぜ合わせてかける。

歯ざわりのよい切り方で

きゅうり

夏のきゅうりはみずみずしく、シャキッとして歯ざわりがいい。せん切りよりはたたいたり、小口切りにして食感を楽しみたい。風味はすがすがしく、さっぱりとした口当たりだから、食欲が落ちやすい夏には特におすすめだ。

イボがある場合は
塩をつけて
転がしながら除く。

［目利き］

全体に張りとつやがあるものを選ぶ。少し曲がっていてもよいが、太さが均一なものがよい。表面のイボがとがっているものが新鮮。

たたききゅうりとアボカドのマリネ

作り方

1 きゅうりは包丁の腹でたたいて大きく割り、5㎝長さに切る。

2 アボカドは縦半分に切って種と皮を除き、横薄切りにする。

3 ボウルにAの材料をまぜ、1、2を加えてあえ、冷蔵室で30分ほど冷やす。器に盛り、黒こしょうを振る。

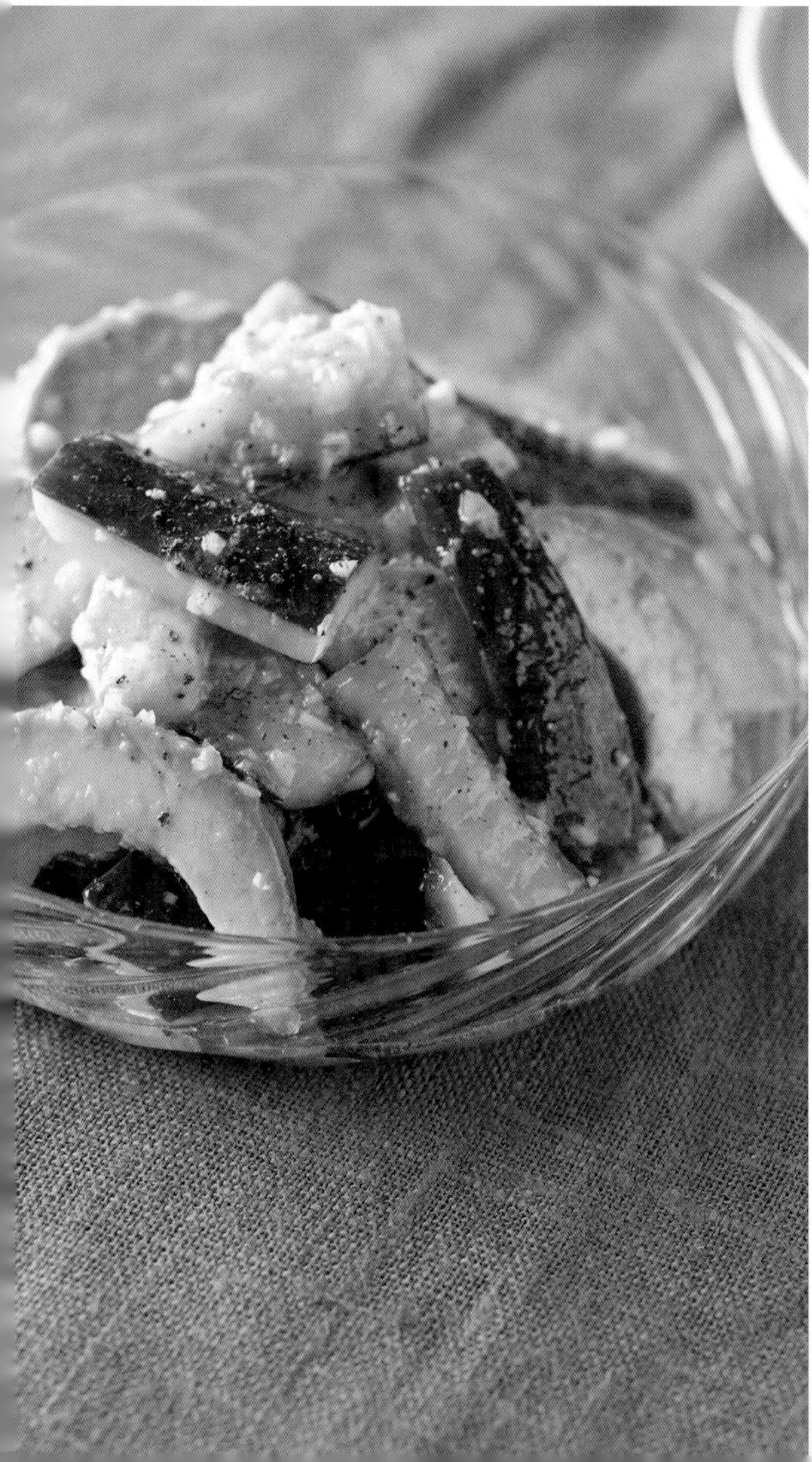

「薄く切ったら
塩をして水分を抜く。
食欲の落ちた夏に、
のどごしよく食べる知恵。」

冷や汁

材料（2～3人分）

きゅうり…１本
あじの干物…１枚
木綿どうふ…½丁
みょうが…２個
万能ねぎ…３本
青じそ…５枚
A｜みそ…大さじ3
　｜みりん…大さじ½
だし…３カップ
塩…少々
すり白ごま…大さじ1

作り方

1. あじの干物は魚焼きグリルで焼いて、身を食べやすくほぐす。とうふはキッチンペーパーで包み、軽く水きりする。
2. あじを包丁でたたき、Aを加えてまぜ、ペースト状にする。ボウルに入れ、だしを加えて泡立て器でまぜ、冷蔵室で冷やす。
3. きゅうりは小口切りにして塩でもみ、さっと洗って水けをしっかりしぼる。みょうが、万能ねぎは小口切りにする。青じそはあらみじんに切る。
4. 2にとうふを手でくずして加え、3を加えてまぜる。器に盛り、ごまを振る。

調理時間 20分

※冷蔵室で
冷やす時間は除く

調理時間 10分

※冷蔵室で
冷やす時間は除く

材料（2人分）

きゅうり…２本
アボカド…１個
あらびき黒こしょう…少々
A｜にんにくのみじん切り
　｜　…２かけ分
　｜サラダ油、酢
　｜　…各大さじ3
　｜はちみつ…大さじ1
　｜塩…小さじ½

「割ったきゅうりのシャキシャキ感と
まったりアボカドの対比がいい。」

【夏】

ピーマン

苦みを消さずに調理して

［目利き］

表面につやと張りがあり、肉厚で弾力があるものがよい。へたの切り口がみずみずしいものが新鮮なので、変色しているものは避けて。

「卵のまろやかさと
苦みのメリハリがいい。」

ピーたまいため

材料（2人分）

ピーマン…4個
豚バラ薄切り肉…200g
卵…2個
塩、あらびき黒こしょう…各少々
酒、みりん、しょうゆ
…各大さじ1
サラダ油…大さじ2

調理時間 15分

作り方

1 ピーマンはへたの部分を切って種を除き、2～3㎜幅の輪切りにする。

2 豚肉は1㎝幅に切る。

3 卵はときほぐし、塩を加えてまぜる。

4 フライパンにサラダ油大さじ1を熱し、3を入れてさっといため、ふんわりしたらとり出す。

5 フライパンにサラダ油大さじ1を足し、2をいためる。肉の色が変わったら1を加えてさっといため、酒、みりん、しょうゆを加えていためる。味がなじんだら、4の卵を戻し入れ、さっといためる。

6 器に盛り、黒こしょうを振る。

とうもろこしのこんがり焼き

濃厚なうまみにかぶりつけ

とうもろこし

材料（2人分）

とうもろこし… 2本
グラニュー糖…少々
しょうゆ…少々

調理時間 15分

※グラニュー糖をなじませる時間は除く

作り方

1 とうもろこしは皮をむいて、3㎝厚さの輪切りにする。断面の両側にグラニュー糖を振って5分ほどおく。

2 コンロに焼き網をのせて火にかけ、1を並べる。焼き目がついたら上下を返し、両面に焼き目をつけ、側面もこんがりと焼く。

3 器に盛り、しょうゆとハケを添える。しょうゆを塗りながら食べる。

「芯つきで調理が正解。だしがとれるくらいのうまみがある。」

［目利き］

皮の緑が濃いものがよい。ひげがたっぷりついているものほど粒が多く、ひげの茶色が濃いほど成熟して甘みが強い。

【秋】

独特の香りや歯ごたえが魅力のれんこんやごぼう、同じいもでも味わいが違うじゃがいもと長いも、うまみたっぷりのきのこ。すべて、和食ではなじみの深い食材だ。しみじみおいしい和食で、実りの季節を味わうのもいい。

切り方でガラリと変わる食感

れんこん

繊維に沿って棒状に切っていためれば、カリッと歯ごたえよく。薄切りにしてさっといためればシャキシャキ、乱切りにして煮込めばほくほくと、食感の変化が楽しい食材だ。

乱切りは、切り口を上にして斜めに切る。

さっと水にさらし、変色防止。

［目利き］

切り口がみずみずしく、穴の中が黒ずんでいないもの、表面に傷や色ムラがないものを選ぶ。ラップで包んでポリ袋に入れ、冷蔵庫の野菜室で保存を。

「大ぶりの乱切りにして、
ほっくりとした
おいしさを引き出す。」

れんこんと手羽元のうま煮

材料（2人分）

れんこん…200g
鶏手羽元…6本
さやいんげん…6本
A だし…2カップ
　しょうゆ…大さじ2½
　みりん…大さじ2
　砂糖…大さじ1
サラダ油…大さじ1
水どきかたくり粉…大さじ1

調理時間 30分

作り方

1 れんこんは皮をむいて一口大の乱切りにし、水にさっとさらして水けをきる。いんげんは長さを半分に切る。

2 フライパンにサラダ油を熱し、手羽元を転がしながら焼く。全体に焼き色がついたられんこんを加え、さっといためる。**A**を加え、ひと煮立ちしたら弱火にし、アルミホイルで落としぶたをして15分ほど煮る。

3 いんげんを加えてさっと煮て、煮汁に水どきかたくり粉を加えてまぜ、とろみをつける。

「薄切りにしてさっといためる。香ばしく、シャキッとした味わいがアクセントになる。」

れんこんベーコンサラダ

材料（2人分）

れんこん…150g
ベーコン…4枚
水菜…½束
A 酢、しょうゆ、みりん…各大さじ2
サラダ油…大さじ1
いり黒ごま…大さじ1

調理時間 15分

作り方

1 れんこんは皮をむいて、薄い輪切りにし、水にさっとさらして水けをきる。水菜は5㎝長さに切り、水につけてシャキッとさせ、水けをきる。ベーコンは1㎝幅に切る。Aはまぜ合わせる。

2 フライパンにサラダ油を熱し、ベーコンをほぐれるまでいためる。れんこんを加えて2〜3分いため、Aを加え、いため合わせる。

3 器に水菜を盛り、2をのせ、ごまを振る。

包丁がすべらないようしっかり押さえ、端から薄く。

れんこんと豚バラのねぎ塩いため

繊維に沿って縦に包丁を入れて、転がしながら棒状に。

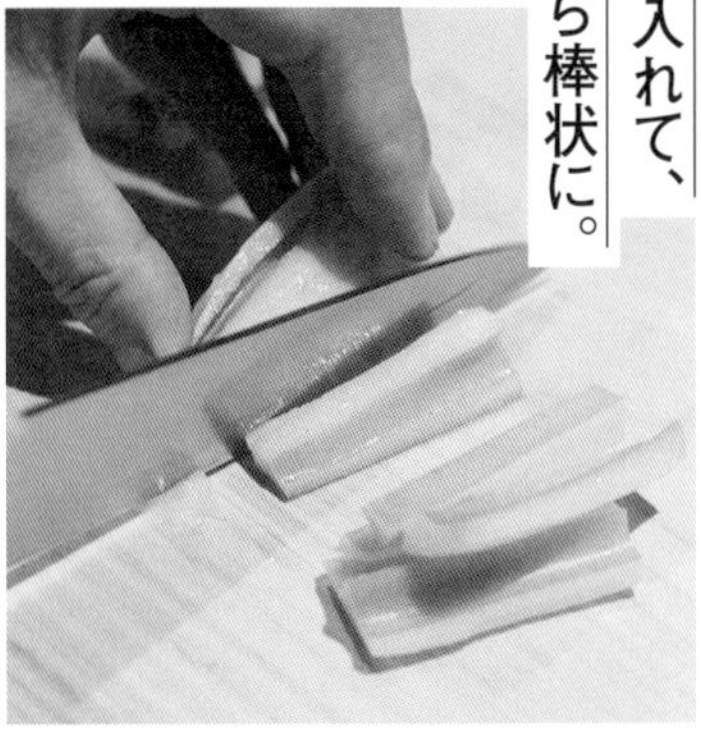

材料（2人分）

れんこん…200g
豚バラ薄切り肉…200g
ねぎ…½本
A 酒…大さじ3
　みりん…大さじ2
　塩…小さじ1
ごま油…大さじ2
いり白ごま…大さじ1
あらびき黒こしょう…少々

調理時間 15分

作り方

1. れんこんは皮をむいて棒状に切り、水にさっとさらして水けをきる。ねぎはみじん切りにする。豚肉は3cm幅に切る。**A**はまぜ合わせる。
2. フライパンにごま油を熱し、豚肉をいためる。色が変わったられんこんを加え、3〜4分いためる。ねぎを加えてさっといため、**A**を加え、いため合わせる。
3. 器に盛り、ごま、黒こしょうを振る。

「繊維に沿って大きめに切る。
カリッとした食感が心地いい。」

滋味豊かな香りと歯ごたえ

ごぼう

春先に出回る新ごぼうにくらべて土の香りが強く、独特の風味が楽しめて、食感もしっかりとかため。うまみの強い肉と組み合わせても、濃いめの味で調味しても負けない存在感がある。

［目利き］
太さが均一でまっすぐに伸びたものを選ぶ。つけ根にひび割れがないものが新鮮。泥つきのほうが、風味がある。

独特の香りは皮の近くに多い。皮はむかずに泥を洗い落とす。

「たたいて繊維をつぶす。こうすると、味が確実にしみ込む。」

たたきごぼう

材料（作りやすい分量）

ごぼう…200g

A
- すり白ごま…大さじ3
- 酢…大さじ6
- 砂糖、薄口しょうゆ…各大さじ3
- 一味とうがらし…少々

作り方

1 ごぼうは洗ってなべに入る長さに切る。なべに入れてかぶるくらいの水を注ぎ、火にかけ、やわらかくなるまでゆで、ざるに上げる。

2 ごぼうが冷めたら包丁の腹でたたいて割り、3㎝長さに切る。Aをまぜてごぼうを加え、あえる。保存容器に入れ、冷蔵室で半日以上おく。

＊冷蔵で約1週間保存可。

調理時間 10分

※ごぼうを冷ます、つけおく時間は除く

鶏ごぼうこんにゃく黒糖煮

「大きく切って下ゆで。
これで、短時間で
味が入りやすくなる。」

材料（2人分）

ごぼう…150g
鶏もも肉…1枚
こんにゃく…1枚
絹さや…4枚
A｜だし…1½カップ
｜酒…¼カップ
｜しょうゆ…大さじ3
｜黒砂糖…大さじ2
サラダ油…大さじ1

調理時間 35分

作り方

1 ごぼうは洗って長めの乱切りにし、さっと洗って水けをきる。こんにゃくは斜め格子状に切り目を入れ、2㎝角に切る。ともに水から10分ほど下ゆでし、湯をきる。

2 鶏肉は一口大に切る。

3 フライパンにサラダ油を熱し、鶏肉を皮目を下にして入れ、焼く。こんがりと焼き色がついたら上下を返し、さっと焼く。

4 1を加えていため合わせ、油がなじんだらAを加え、ひと煮立ちさせる。弱火にし、アルミホイルで落としぶたをし、10分ほど煮る。

5 筋をとった絹さやを加え、さっと煮る。

【秋】

ほくほく、シャキシャキを使い分ける

じゃがいも

昔から親しまれている品種が男爵とメークイン。それぞれの特徴〝男爵のほくほく感〟、〝メークインのシャキシャキ感〟を引き出す料理を紹介する。とはいえ、この使い分けが絶対でもないのでお好みで。

［目利き］

男爵は丸み、メークインは長細い形がととのっていて、傷が少ないものを選ぶ。芽が出ていたり、皮の色が緑がかったものは避ける。

せん切りじゃがいもの貝柱いため

作り方

1 じゃがいもは2〜3㎜角の細切りにし、さっと洗って水けをきる。万能ねぎは小口切りにする。**A**はまぜ合わせる。

2 フライパンにサラダ油を熱し、じゃがいもをいためる。油がなじんだら貝柱を缶汁ごとと、**A**を加え、強火でいため合わせる。

3 器に盛り、万能ねぎ、黒こしょうを振る。

さっと洗うと、いも同士がくっつかず、いためやすい。

じゃがいもの明太あえ

材料（2人分）

じゃがいも（男爵）…2個
貝割れ菜…⅓パック
からし明太子…1腹
塩…少々
A ごま油…大さじ2
　薄口しょうゆ、みりん…各大さじ1
いり白ごま…小さじ1

調理時間 15分

作り方

1. じゃがいもは1〜2㎝厚さの半月切りにする。なべに入れてかぶるくらいの水を注ぎ、塩を加えて竹ぐしがすっと通るまでゆでる。火を止めて湯を捨て、再び火にかけてなべを揺すりながら水けをとばし、ボウルに入れる。
2. 貝割れ菜は根元を切り落とし、1㎝長さに切る。明太子は薄皮をとってほぐす。
3. **1**に**2**、**A**を加え、さっくりとあえる。器に盛り、ごまを振る。

「男爵のほくほく感をちゃんと堪能したいから、ゆでてから粉ふきにする。」

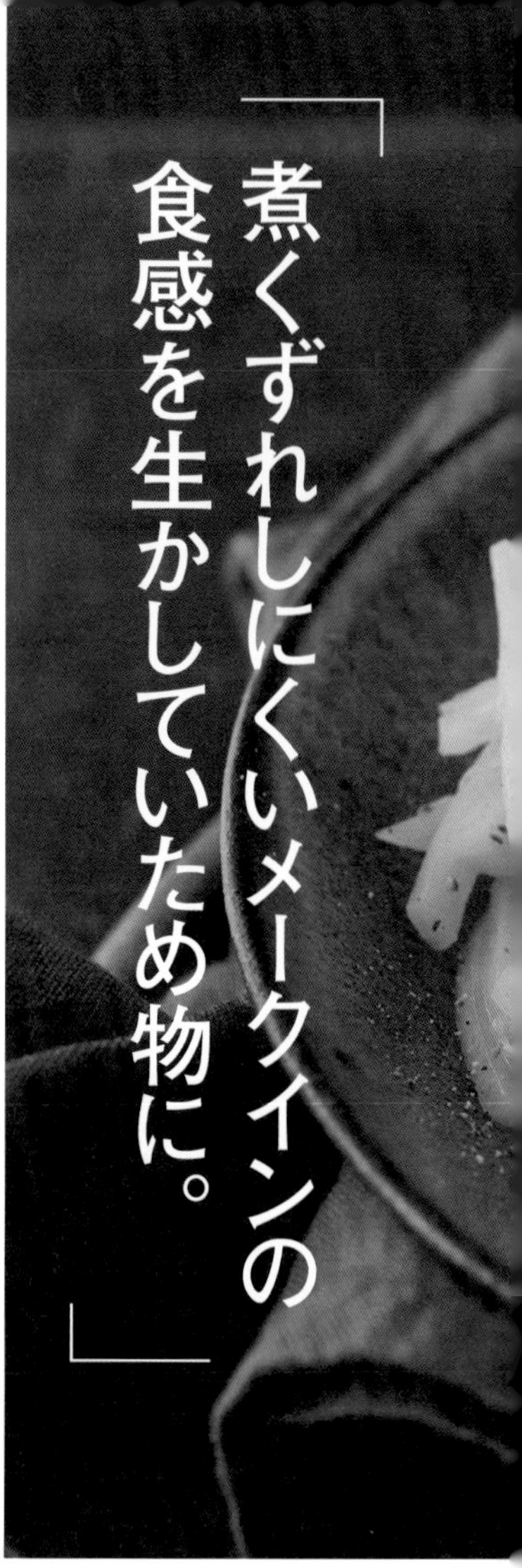

「煮くずれしにくいメークインの食感を生かしていため物に。」

材料（2人分）

じゃがいも（メークイン）…2個
ほたて貝柱缶…1缶（75g）
万能ねぎ…3本
A 薄口しょうゆ…大さじ1½
　酒…大さじ1
　砂糖…小さじ1
サラダ油…大さじ2
あらびき黒こしょう…少々

調理時間 10分

【秋】

長いも

火を通した食感がやみつき

生のねばねば感やシャキシャキ感ももちろんいい。けれど、さっと火を通すとさくさく、大ぶりに切ってしっかり煮込めばほっくりと、加熱ぐあいでも味わいに変化を出せる。

豚バラ長いも巻き焼き

材料（2人分）

長いも…100g
豚バラ薄切り肉
…8枚（約200g）
大根…100g
すだち…1個
A 酒、しょうゆ、みりん
…各大さじ2
砂糖…小さじ1
かたくり粉…適量
サラダ油…大さじ1
一味とうがらし…少々

調理時間 15分

作り方

1. 大根はすりおろし、ざるに入れて汁けをきる。長いもはピーラーで皮をむき、1㎝角の棒状に切ったものを8本用意する。すだちは半分に切る。**A**はまぜ合わせる。
2. 豚肉1枚に長いもを1切れのせ、巻く。かたくり粉を薄くまぶし、手でギュッとにぎって形をととのえる。
3. フライパンにサラダ油を熱し、**2**を巻き終わりを下にして入れ、転がしながら焼く。焼き色がつき、肉に火が通ったら余分な油をふきとり、**A**を加え、煮からめる。好みで切って器に盛り、大根おろし、すだちを添え、大根おろしに一味を振る。

「肉に火が通ればいいから、長いもの加熱具合が絶妙に。歯ごたえよし!」

［目利き］
太さが均一でまっすぐ伸び、切り口がきれいなもの、ひげ根が残っているものを選ぶ。

ぬめりがあるから、皮をむくのはピーラーを使うとラク。

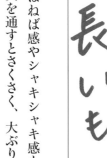

「大きいまま煮ると煮くずれせず、包丁もすっと入り、切りやすい。」

長いものえびそぼろあん

材料（2人分）

長いも…200g
えび…6尾
A だし…2カップ
みりん…大さじ2
薄口しょうゆ…大さじ1
塩…小さじ½
B 酒、かたくり粉…各大さじ1
塩…ひとつまみ
水どきかたくり粉…大さじ2

調理時間 25分

作り方

1 長いもはピーラーで皮をむく。なべに湯を沸かして長いもを入れ、2〜3分ゆでて水にとり、縦半分に切る。

2 なべに**A**、**1**を入れ、弱火にかけて15分ほど煮る。

3 えびは殻をむき、背側に切り込みを入れて背わたをとる。**B**をもみ込み、水で洗う。水けをふき、あらみじんに切る。

4 **2**の煮汁1カップを別のなべにとり分け、火にかける。煮立ったら水どきかたくり粉でとろみをつける。えびを加え、ほぐしながらえびの色が変わるまでさっと煮る。

5 長いもを1㎝厚さに切って器に盛り、**4**のあんをかけ、好みでせん切りにしたゆずの皮を散らす。

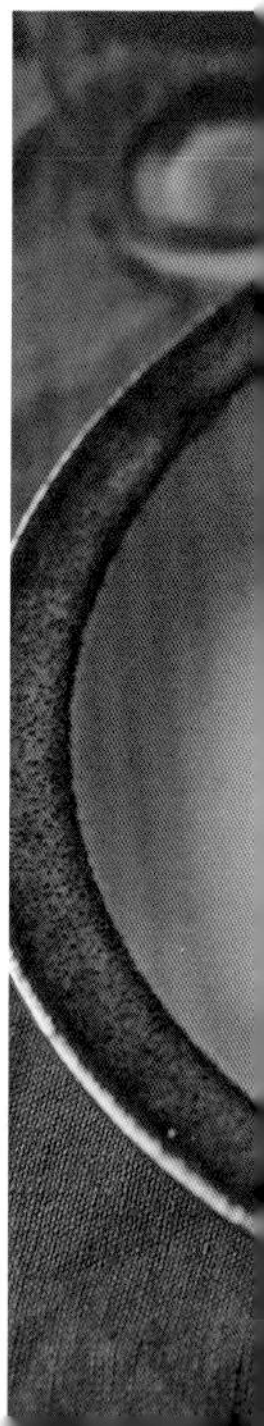

【秋】

歯ざわり、香りを引き出す調理で

きのこ

きのこそれぞれの歯ざわりや香り、うまみを味わうなら、シンプルな調理がいい。洗うと味や香りが落ちるので、水洗いは厳禁。よごれがあったら、乾いたキッチンペーパーでふく程度に。

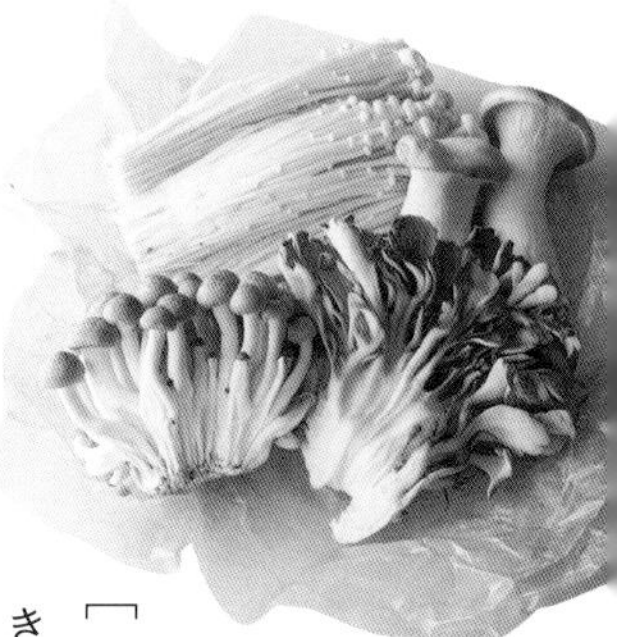

［目利き］
きのこ全般として、笠が割れたりしていない、軸の部分がピンとして、しみや変色がないものが新鮮。

手で裂くと香りが立ちやすい。

「火入れは“さっと”。
歯ごたえをキープして、
あとは余熱で味を入れる。」

きのこと大根のおひたし

材料（2人分）

エリンギ…1パック
まいたけ…1パック
大根…150g
A だし…2カップ
しょうゆ、みりん
…各¼カップ

調理時間 10分

※あら熱をとる時間、冷やす時間は除く

作り方

1 エリンギは長さを半分に切り、まいたけとともに食べやすく手で裂く。大根は5㎝長さ、2㎜角の細切りにする。

2 なべに**A**を入れて火にかけ、煮立ったら**1**を加え、まぜる。再び煮立ったらアクをとり、火を止める。

3 あら熱がとれたら冷蔵室に入れ、冷やす。器に盛り、好みでせん切りにしたゆずの皮を散らす。

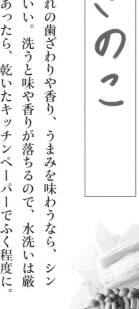

きのこの半熟卵焼き

「しんなりするまで
いためると、
卵とのからみが
断然よくなる。」

材料（2〜3人分）

しめじ…1パック
まいたけ…1パック
卵…4個
万能ねぎ…3本
砂糖…大さじ1½
塩…少々
しょうゆ…大さじ2
サラダ油…大さじ1

調理時間 15分

作り方

1 しめじ、まいたけは根元を切り落とし、手で食べやすくほぐす。万能ねぎは小口切りにする。卵は割りほぐし、砂糖を加えてまぜる。

2 フライパンにサラダ油を熱し、しめじ、まいたけを入れ、塩を振ってしんなりするまでいためる。卵液を流し入れ、へらでゆっくりまぜながら半熟状に火を通す。

3 器に盛り、しょうゆを回しかけ、万能ねぎを散らす。

「きのこは油との相性もすごくいい。
揚げやすいよう、大きめにほぐす。」

しめじ鶏天 甘だれがけ

材料（2人分）

しめじ…2パック
鶏胸肉…150g
小麦粉…適量
A だし、しょうゆ、みりん…各大さじ3
砂糖…大さじ1
B 卵黄…1個分
冷水…¾カップ
小麦粉…80g
揚げ油…適量

調理時間 20分

作り方

1. 甘だれを作る。小なべに**A**を入れて火にかけ、とろっとするまで煮詰める。
2. しめじは根元を切り落とし、大きめにほぐす。鶏肉は皮を除き、1㎝厚さのそぎ切りにする。
3. ボウルに**B**をまぜ、衣を作る。
4. なべに揚げ油を170度に熱する。しめじ、鶏肉に小麦粉を薄くまぶし、**3**にくぐらせて油に入れ、3〜4分揚げる。表面がカラリとしたらとり出し、油をきる。器に盛り、**1**をかけ、好みで万能ねぎの小口切りを散らす。

しいたけの土瓶蒸し風

材料（2人分）

- しいたけ…6個
- 生だら…2切れ
- 木綿どうふ…1丁
- 三つ葉…6本
- すだち…1個
- 塩…少々

A
- だし…2カップ
- 酒、薄口しょうゆ…各大さじ1
- 塩…少々

調理時間 25分

作り方

1 たらは塩を振って10分ほどおく。なべに湯を沸かしてさっとくぐらせ、冷水にとってアクを落とし、あればうろこを手でとって水けをふく。一口大に切る。

2 しいたけは石づきを切り落とし、縦半分に切る。フライパンを油を引かずに火にかけ、しいたけの切り口を下にして並べ、焼き色がついたら上下を返してさっと焼く。

3 とうふは8等分に切り、すだちは半分に切る。三つ葉はさっとゆでてから2本ずつ結ぶ。

4 土なべに**A**を入れて火にかけ、とうふ、**1**、**2**を入れる。煮立ったら三つ葉を加えて火を止め、すだちを添える。

軸はうまみがあるから、切り落とすのは石づきのみ。

こんがり焼いて、香りを立たせる。

「薄味の汁に、しいたけの香りがよく合う。松茸でなくても、十分うまい。」

【冬】

寒さが厳しくなる季節にいっそうおいしくなる冬野菜。
煮物やいため物などのあったかい料理はもちろん、
あえ物や漬け物などで、
この時季だけの甘みやみずみずしさをじっくりと味わおう。

大根

部位ごとに違う特徴を覚えて

部位を上手に使い分けるといい。青い首元はシャキシャキとしてみずみずしいので、サラダなどに。まん中は厚みが均一でやわらかいので、煮物などにぴったり。先のほうは辛みがあり、筋も多いので、大根おろしや漬け物などに。

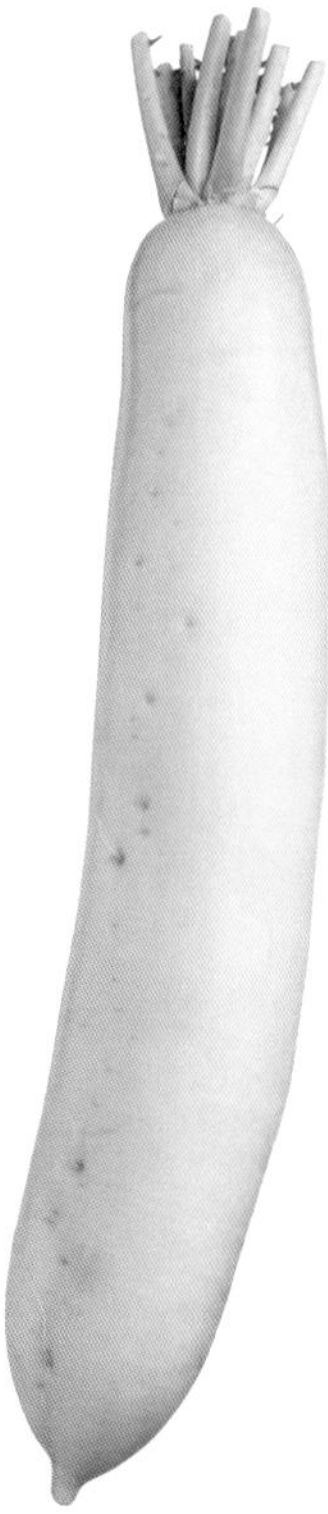

［目利き］
白くてつややか、重量感があり、かたくしまっているものを選ぶ。葉をつけたままだとすが入りやすいので、葉を切り落として野菜室で保存を。

皮の近くは筋っぽい。煮物などには厚めに皮をむく。

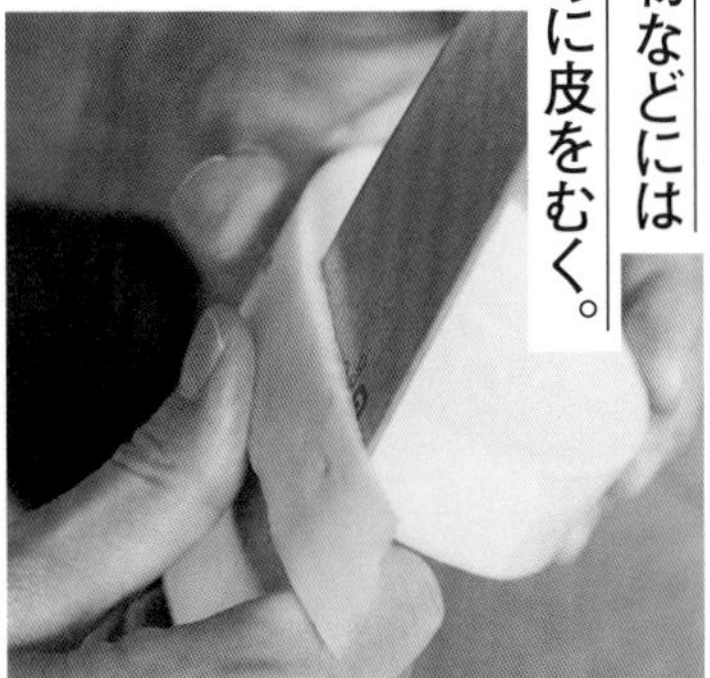

同じ面ですりおろし、繊維を残さない。

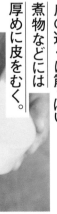

鶏もも大根べっこう煮

材料（2人分）

大根…400g
鶏もも肉…1枚
水菜…$\frac{1}{3}$束
A だし…2カップ
しょうゆ、みりん
…各$\frac{1}{4}$カップ
砂糖…大さじ$1\frac{1}{2}$
ごま油…大さじ1

調理時間 40分
※冷ます時間は除く

作り方

1 大根は2㎝厚さに切って厚めに皮をむき、四つ割りにする。水からゆで、煮立ったら15分ほどゆでる。竹ぐしがすっと通るくらいになったらざるに上げ、湯をきる。

2 水菜は熱湯でさっとゆで、冷水にとる。水けをしぼり、5㎝長さに切る。鶏肉は大きめの一口大に切る。

3 フライパンにごま油を熱し、鶏肉を皮目から焼く。焼き色がついたら大根を加え、油がなじむまでいためる。**A**を加え、ひと煮立ちしたら弱火にし、アルミホイルで落としぶたをして10分ほど煮る。火を止め、時間があればそのまま一度冷ます。

4 水菜を加えて中火にかけ、さっとあたためる。

根菜の下ゆでは、「水から」が鉄則。

「下ゆで効果でくさみがとれ、
甘辛味がしっかりしみる。」

「天かすのコクや
うまみがしみた
ジューシーな大根。
地味にうまい。」

たぬき大根

材料（2人分）

大根…400g
ねぎ…¼本
なると…½本（60g）
天かす…20g
A
だし…3カップ
みりん…大さじ3
しょうゆ…大さじ2
薄口しょうゆ…大さじ1
砂糖…小さじ1

調理時間 50分

作り方

1 大根は2㎝厚さに切って厚めに皮をむき、半月切りにする。水からゆで、沸騰したら15分ほどゆでる。竹ぐしがすっと通るくらいになったらざるに上げ、湯をきる。

2 ねぎは小口切りにする。なるとは7〜8㎜厚さの輪切りにする。

3 なべにA、大根を入れて火にかけ、煮立ったら弱火にし、20分ほど煮る。天かすの半量、なるとを加え、5分ほど煮る。

4 器に盛り、残りの天かすを散らす。ねぎを添え、好みで七味とうがらしを振る。

大根おろしの辛みは、
酢、砂糖を合わせて、
調味料がわりに利用する。

豚しゃぶ大根おろしまみれ

材料（2人分）

大根…300g
豚バラ薄切り肉…200g
万能ねぎ…3本

A 酢…大さじ3
砂糖…大さじ1
塩…少々

B ごま油、しょうゆ、みりん
…各大さじ2

調理時間 15分

作り方

1 大根は皮をむき、すりおろしてざるに入れて、軽く汁けをきる。ボウルに入れ、**A**を加えてまぜる。

2 万能ねぎは小口切りにする。豚肉は長さを3等分に切る。

3 なべに湯を沸かして火を止め、豚肉を入れてまぜる。火が通って色が変わったらざるに上げ、湯をきる。

4 別のボウルに**B**をまぜ、**3**、万能ねぎを加えてあえる。器に盛り、**1**をかける。

葉と軸は別物として扱う

白菜

葉と軸で、やわらかさ、歯ごたえが大きく違う。さらに軸は、繊維に沿って縦方向に切り、いためてシャキッ。横方向に切って煮て、やわらかく。こんなふうに、切り方でも食感が変わる。

［ 目利き ］

巻きがしっかりしているものを選ぶ。切ってから時間がたっているものは、断面が乾いていたり、中央が盛り上がっていたりする。

葉と軸を切り分ける。

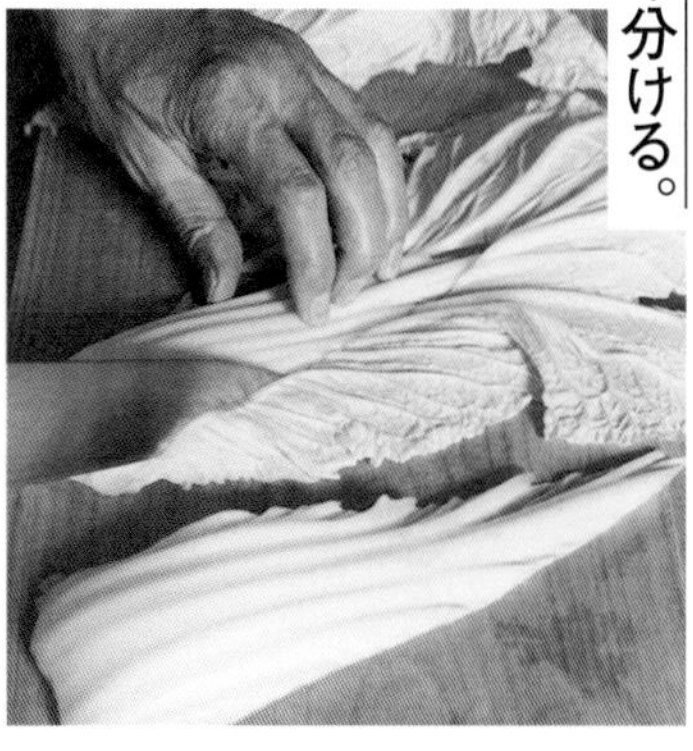

軸は繊維に沿って切ると、シャキシャキに。

「あつあつの油を
花椒にジュッ。
ぐっと香りが立つ。」

ラーパーツァイ

材料（3〜4人分）

白菜…500g
赤とうがらし…2本
花椒（ホワジャオ）
　…小さじ½
あら塩…大さじ1
A｜砂糖、酢…各大さじ4
　｜ごま油…小さじ1
サラダ油…大さじ1

調理時間 15分

※塩をまぶしておく、
冷蔵室で冷やす時間は除く

作り方

1 白菜は軸と葉に切り分け、軸は繊維に沿って5㎝長さの拍子木切りにする。葉は小さめのざく切りにする。ともにボウルに入れ、あら塩をまぶしてやさしくまぜ、20分ほどおく。しんなりしたら水けをしっかりしぼる。

2 赤とうがらしは種をとって小口切りにする。

3 ボウルに1を入れ、Aを加えてまぜる。赤とうがらし、花椒を上にのせる。

4 フライパンにサラダ油を入れて火にかける。煙が出るくらいまで熱したら火を止め、3に回しかける。全体をまぜ、冷蔵室に入れ、冷やす。

＊冷蔵で約1週間保存可。

葉と軸の切り方を変え、
それぞれの食感を生かす。

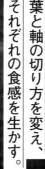

白菜の葉とかにのうま煮

「やわらかな葉を
くったり煮てとろみを。
かにとよくからみ合う。」

材料（2人分）

白菜の葉…¼個分
かに（ほぐし身）…60g
ねぎ…½本
A だし…2カップ
薄口しょうゆ、みりん…各大さじ2
砂糖…小さじ1
水どきかたくり粉…大さじ2
サラダ油…大さじ1

作り方

1 白菜の葉は1㎝幅に切る。ねぎは斜め薄切りにする。

2 フライパンにサラダ油を熱し、白菜、ねぎを入れて全体がしんなりするまでいためる。かにを加え、さっといためる。

3 **A**を加え、ひと煮立ちしたら水どきかたくり粉でとろみをつける。

調理時間 10分

かには手軽に
手に入る
冷凍品で十分。

白菜の軸の豚こまいため

「歯ざわりを残すため、
軸は繊維に沿って細く切り、
軽くいためる程度にとどめる。」

材料（2人分）

白菜の軸…¼個分
豚こまぎれ肉…200g
A 酒…大さじ3
しょうゆ…大さじ2
砂糖…大さじ½
サラダ油…大さじ1

調理時間 10分

作り方

1. 白菜の軸は繊維に沿って、5㎝長さの拍子木切りにする。
2. フライパンにサラダ油を熱し、豚肉をいためる。色が変わったら白菜を加え、少ししんなりするまでいためる。**A**を加え、さっといため合わせる。
3. 器に盛り、好みで万能ねぎの小口切りを散らし、一味とうがらしを振る。

ねぎとじゃこのかき揚げ

【冬】

材料（3〜4人分）

ねぎ…1本
ちりめんじゃこ…30g
にんじん…50g
A 卵黄…1個分
　冷水…¾カップ
　小麦粉…80g
小麦粉、揚げ油、塩…各適量

つけ根に砂がたまっているので、むいて洗う。

作り方

1 ねぎは1㎝厚さの小口切りにする。にんじんは3㎝長さのせん切りにする。

2 ボウルにAをまぜ、衣を作る。

3 別のボウルにちりめんじゃこ、1を入れ、小麦粉を加えて全体にまぶす。2を加え、全体がまとまる程度に軽くまぜる。

4 なべに揚げ油を170度に熱する。3を玉じゃくしですくってすべらせるように落とし入れる。表面が固まり始めたら、上下を返しながら3〜4分揚げ、カリッとしたら油をきる。器に盛り、塩、好みで厚めの半月切りにしたレモンを添える。

調理時間 20分

「カラッと揚げるには、
衣の水は冷水で。」

加熱して甘みを楽しむ

ねぎ

和食には欠かせない、薬味のひとつ。生独特の香りや辛みが料理の味を引き立ててくれる。そして、火を通すと一変する、甘くてやわらかな口当たりも見逃せない魅力だ。

［目利き］
白い部分につやと張りがあり、青い部分に茶や黄色の斑点のないものが新鮮。

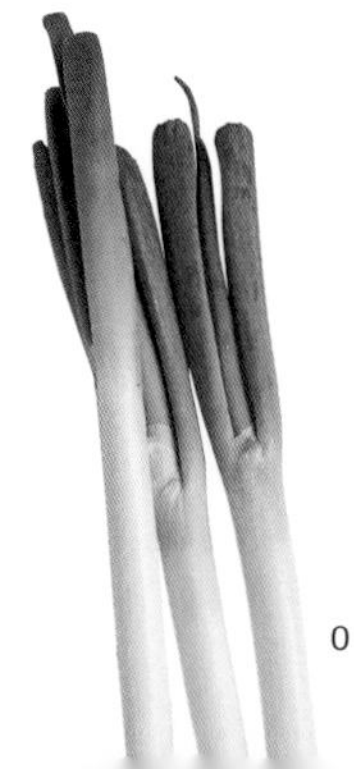

「青い部分も積極的に使って。
ねぎらしさがきわ立ち、
味わい深くなる。」

ねぎと豚こまの梅肉蒸し

材料（2人分）

ねぎ…1本
豚こまぎれ肉…300g
万能ねぎ…10本
梅干し…2個
しょうが…10g
にんにく…1かけ
A 酒、砂糖、サラダ油…各大さじ1
塩…小さじ½
あらびき黒こしょう…少々
かたくり粉…小さじ1

調理時間 20分

作り方

1 ねぎは青い部分もいっしょに斜め薄切りにする。万能ねぎは5㎝長さに切る。

2 梅干しは種を除いて包丁でたたく。しょうがとにんにくはみじん切りにする。

3 ボウルに豚肉、**2**を入れて**A**を加え、手でよくもみ込む。

4 土なべに**1**を敷き詰めて水½カップを加え、その上に**3**を広げてふたをして火にかける。煮立ったら弱火にして10分ほど蒸し煮にし、好みで糸とうがらしを散らす。

ねぎに豚肉をのせ、肉のうまみを移す。

家ごはんのコツ❷

盛りつけが〝旨い〟をあと押しする

料理の総仕上げが「盛りつけ」。
盛りつけひとつでおいしそうになることもあれば、その逆も。
ちょっとしたことを心がけるだけで、
いつものおかずが三割増しに仕上がる。

「立体感を意識して。」

揚げ物や煮物などは、中高になるようにこんもりと立体的に盛ってみると、料理全体に動きが出て、そそられる。ごまあえやおひたしなどのあえ物も、中央がツンと高くなるように盛るだけで、洗練された印象に。

煮物を鉢に盛りつけるときもまん中を高くして、立体感を出す。

「メインは右、添え野菜は左に。」

添え野菜のレタスは左奥にこんもりと。

大根おろしとすだちなどの薬味は右手前に。

メインの料理はとりやすいように右側に盛り、キャベツのせん切りなどのような添え野菜を左奥に高さを出して盛ると、見栄えよく仕上がる。大根おろしやからしなどの薬味は、右の手前にまとめると食べるときにつけやすく、全体のバランスもいい。

「必ず器に余白を残す。」

余白の余裕が上品な印象を演出。

器の七割に料理を盛り、三割を余白にすると品のいい印象になり、料理自体もおいしそうに見える。四角い料理を盛るときは丸い器に、丸い料理を盛るときは四角い器にすると、自然に余白が生まれる。

「器に季節をとり入れる。」

盛りつけや器の選び方で、食卓に季節感を呼び込める。夏は野菜がカラフルなので、白い器に盛るとぐっと映える。皿の余白をいつもより多くしたり、ガラスの器に盛ったりすると、涼しげな印象に。冬は土ものの器に盛ると、あたたかな感じに仕上がる。

ガラスの器で涼しげな雰囲気を演出する。

土の素朴な風合いで、自然と冬の趣に。

第3章

焼き鳥屋の息子が、どうしても伝えたい味

鶏肉料理は、最高のごちそうになる。

僕の親父は、焼き鳥屋『とり将』を営んでいて、
僕は小さいころから店の一角にちょこんとすわり、
親父のくし打ちをする姿や、一品料理の仕込みを
カウンター越しに眺めて育った。
だから僕は、鶏料理についての思い入れが人一倍強い。
身をやわらかく焼く方法、皮も脂も味わいに変える技で、
コスパ最高の家ごはんに仕立て上げる自信がある。

火が通っているようでも
じっくり加熱を

鶏もも肉

水分量が多いため意外に火が入りにくい。これくらいでいいかな、と思ってから、もうひと息加熱すると、うまくいきます。

「下味に卵を使えば鶏肉はふっくら。梅干し入りのタルタルでさっぱり食べて。」

チキン南蛮 梅タルタル

材料（2人分）

鶏もも肉…250g
ねぎ…⅓本
A
- しょうゆ、みりん…各大さじ1
- 卵…1個
- あらびき黒こしょう…少々

南蛮だれ
- しょうゆ…大さじ2
- 酢…大さじ3
- 砂糖、ごま油…各大さじ1
- 一味とうがらし…小さじ½

梅タルタルソース
- 梅干し…2個
- らっきょうのみじん切り…大さじ2
- マヨネーズ… 大さじ2
- しょうゆ、砂糖…各小さじ1

衣
- かたくり粉…大さじ2
- 小麦粉…大さじ1

揚げ油 … 適量

作り方

1 鶏肉は一口大に切って**A**をもみ込み、5分ほどおいて下味をつける。

2 ねぎはみじん切りにし、南蛮だれの材料と合わせる。タルタルソースの梅干しは種を除いて包丁でたたき、ほかの材料とまぜ合わせる。

3 衣の材料をまぜ、**1**にまぶす。

4 なべに揚げ油を170度に熱し、**3**を入れて途中返しながら3〜4分揚げ、油をきる。

5 器に**4**を盛り、南蛮だれ、梅タルタルソースの順にかける。好みで、レタスのせん切りと青じそのせん切りをまぜたものを添える。

調理時間 25分

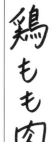

鶏とごぼうの竜田揚げ

材料（2人分）

鶏もも肉… 1枚
ごぼう… 80g
ししとうがらし…4本
かたくり粉…適量
A しょうがのすりおろし
…小さじ1
しょうゆ、みりん
…各大さじ3
揚げ油…適量

調理時間 15分
※つけおく時間は除く

作り方

1. ごぼうは皮をむかずにたわしでこすって洗い、5㎝長さに切って縦半分に切る。
2. なべにごぼうを入れ、水をひたひたに注いで火にかける。やわらかくなるまでゆで、湯をきる。
3. 鶏肉は一口大に切ってボウルに入れ、**2**、**A**を加えてもみ込み、15分おく。汁けをきり、かたくり粉を全体にまぶす。ししとうは竹ぐしで穴をあける。
4. なべに揚げ油を170度に熱し、ししとうを入れてさっと素揚げにし、油をきる。つづけて鶏肉とごぼうを入れ、途中返しながら4〜5分揚げて、油をきる。器に盛り、あればすだちを半分に切って添える。

「鶏肉はごぼうといっしょに下味を。
同時に揚げられるのも気楽だ。」

鶏ももと野菜の揚げびたし

材料（4人分）

鶏もも肉…1枚
なす…1個
パプリカ（赤）…½個
ズッキーニ…½本
かぼちゃ…⅛個
しいたけ…小4個
A ｜だし…3カップ
　｜みりん、しょうゆ
　｜　…各大さじ3½
塩、あらびき黒こしょう
　…各少々
小麦粉…適量
揚げ油…適量

調理時間 25分

※冷ます時間、
冷蔵室で冷やす時間は除く

作り方

1 なべに**A**を入れて火にかけ、ひと煮立ちしたら火を止める。バットなどに移してそのまま冷ます。

2 なすはへたをとり、一口大の乱切りにする。パプリカは3㎝角に、ズッキーニはへたをとって1㎝厚さの輪切りにする。かぼちゃは種とわたをとり、5㎜厚さのくし形に切る。しいたけは軸をとる。

3 鶏肉は小さめの一口大に切り、塩、黒こしょうを振って小麦粉をまぶす。

4 なべに揚げ油を170度に熱し、**2**をそれぞれ3分ほど素揚げにし、油をきってすぐに**1**につける。

5 つづけて**3**を入れて3分ほど揚げ、油をきって3分ほどおく。再び170度の揚げ油で2分ほど揚げ、**1**につける。落としラップをし、2時間ほど冷蔵室に入れて味をなじませる。

6 器に盛ってつけ汁を張り、あれば輪切りにしたすだちを添える。

「鶏肉は二度揚げして
余熱で火を通す。
肉の香ばしさが
味の決め手となる。」

揚げたてをすぐに
冷ましたつけ汁へ。
温度差で味しみが早くなる。

鶏肉のパリパリ焼き

「鶏の皮は押しつけながら
じっくり焼けば、パリパリに。」

材料（2人分）

鶏もも肉…250g
ねぎ…½本
A 大根おろし…大さじ4
　塩…小さじ⅓
　ごま油…小さじ1
　あらびき黒こしょう…少々
塩…少々
サラダ油…大さじ1
レモン…¼個

調理時間 25分

作り方

1 ねぎはみじん切りにし、**A**とまぜ合わせる。鶏肉は全体に塩を振る。

2 フライパンにサラダ油を熱し、鶏肉の皮目を下にして入れ、火にかける。フライ返しで皮目をしっかりとフライパンに押しつけるようにして、7～8分じっくりと焼く。

3 皮目がパリパリになったら返し、肉の面を焼き始める。中火のまま3～4分焼き、中まで火を通す。

4 好みでレタスをちぎって器に盛り、**3**を食べやすい大きさに切って盛る。ねぎと**A**をまぜたもの、レモンを添える。

「ロール状にして
皮で身をおおうことで、
肉がしっとりと
ジューシーに煮上がる。」

鶏チャーシュー うずら卵添え

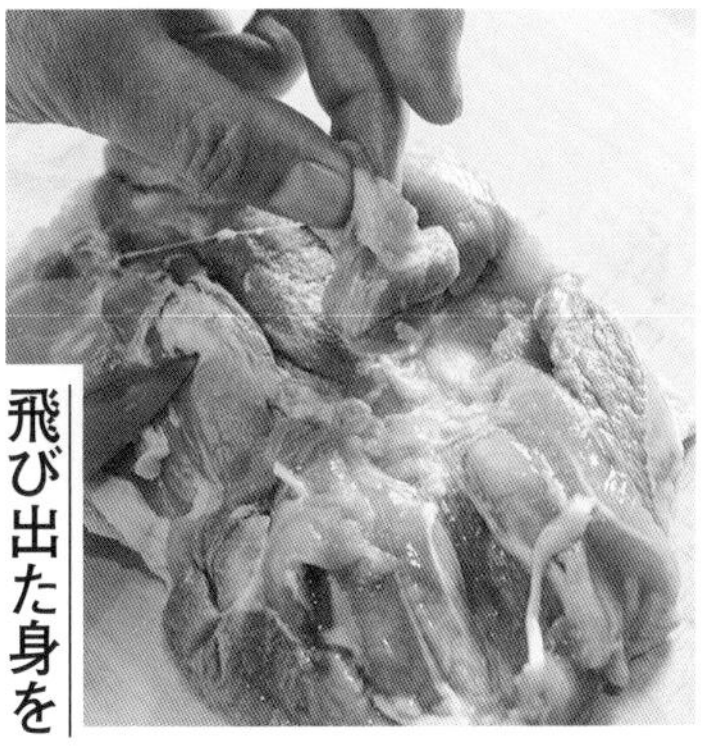

飛び出た身を切りとりくぼみにのせ、厚みを均一に。

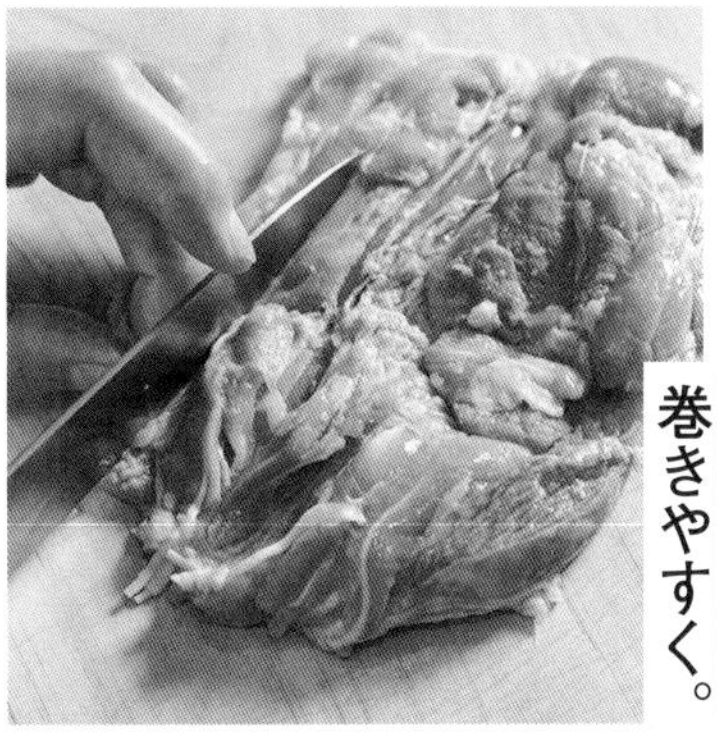

切り目は長めに入れて巻きやすく。

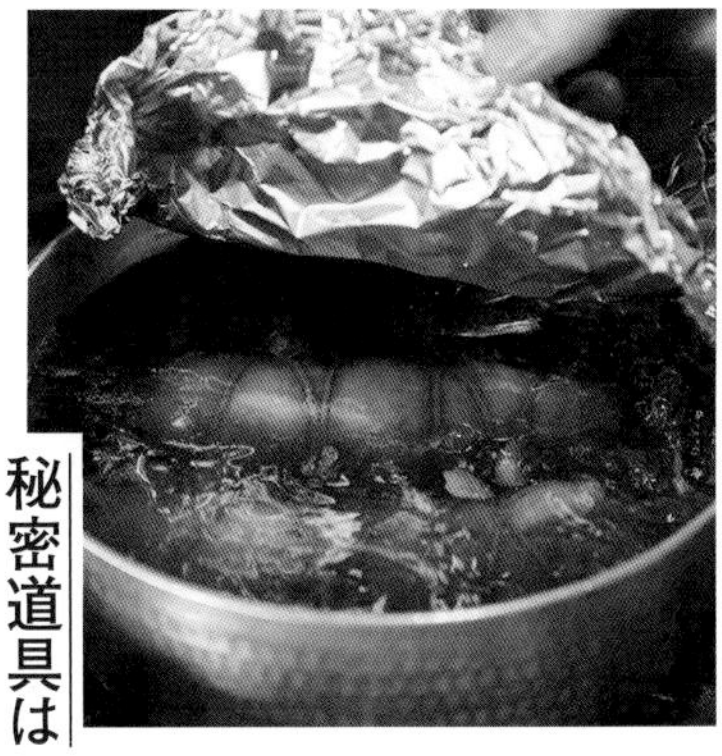

秘密道具はアルミホイルの落としぶた。

材料（4人分）

鶏もも肉…2枚
うずらのゆで卵…8個
ねぎ（白い部分）…⅓本
にんにく…2かけ
サンチュ…適量
あらびき黒こしょう…少々

A
- こぶ（だし用）…5g
- 水…2½カップ
- しょうゆ…1カップ
- 酒…½カップ
- 砂糖…大さじ5

ねりがらし…適量

作り方

1 ねぎは5㎝長さに切ってから縦にごく細く切り、水にさらす。にんにくは薄切りにする。

2 鶏肉は余分な脂をとる。身が厚い部分を切りとり、身が少ないくぼみにのせ、厚みを均一にする。縦長において1㎝間隔くらいに切り目を入れ、身側のみに黒こしょうを振る。ロール状に巻き、たこ糸でしばる。

3 なべににんにく、**A**を入れて火にかけ、煮立ったら鶏肉を加えてアルミホイルで落としぶたをし、ときどき上下を返しながら、弱火で20分ほど煮る。

4 火を止め、うずらの卵を加え、そのまま冷ます。

5 鶏肉をとり出し、たこ糸をはずして食べやすい大きさに切り、器に盛る。うずらの卵、サンチュ、水けをきったねぎ、ねりがらしを添える。

調理時間 35分

※冷ます時間は除く

粉をまぶして
口当たりをよくする

鶏胸肉

脂肪が少なくパサつきやすい部位。
肉自体の水分を逃がさないよう、
粉をまぶしてジューシーに。

「皮は身と分けて揚げることで、2つの味わいが楽しめる。」

鶏胸の南蛮

材料（2～3人分）

鶏胸肉…2枚（250g×2）
玉ねぎ…1個
にんじん…80g
ピーマン…2個
赤とうがらし…2本
こぶ（だし用）…5g
塩、こしょう…各少々
小麦粉…適量
A
- 水…3カップ
- 酢…1½カップ
- 砂糖…大さじ6
- 薄口しょうゆ…大さじ3
- 塩…小さじ2
- レモン汁…1個分

揚げ油…適量

作り方

1 玉ねぎは薄切り、にんじん、ピーマンはせん切り、赤とうがらしはちぎって種を除く。ボウルに**A**をまぜ、砂糖がとけたら玉ねぎ、にんじん、ピーマン、赤とうがらしとこぶを入れる。

2 鶏肉は皮をはいで一口大のそぎ切りにし、皮の部分も一口大に切る。塩、こしょうで下味をつけ、それぞれに小麦粉をまんべんなくまぶす。

3 なべに揚げ油を170度に熱して身の部分は3～4分、皮はカリッとするまで揚げる。とり出して油をきり、熱いうちに**1**につける。落としラップをして冷蔵室で2時間以上おき、味をなじませる。

調理時間 25分

※味をなじませる時間は除く

鶏胸肉ときのこのとろみ煮

材料（2人分）

鶏胸肉…200g
しめじ…1パック
えのきだけ…1袋
しいたけ…2個
かたくり粉…適量
A　だし…2カップ
　　薄口しょうゆ、みりん…各大さじ2
万能ねぎの小口切り…適量

調理時間 20分

作り方

1 きのこは石づきを切り落とし、しめじ、えのきはほぐし、しいたけは手で裂く。鶏肉は皮を除いて、1cm厚さのそぎ切りにし、かたくり粉をまぶす。

2 なべにAを入れて火にかけ、煮立ったらきのこを入れてさっと煮る。

3 再び煮立ったら鶏肉を加え、まぜながら煮る。

4 肉に火が通り、煮汁にとろみがついたら器に盛り、万能ねぎをのせる。

なめらかな舌ざわりになるように、余分な粉ははたいて落とす。

「鶏肉にまぶしたかたくり粉が膜になり、表面はぷるんとして、中はしっとり。」

じっくり加熱して
骨のうまみを引き出す

鶏手羽

「手羽元のたっぷりのうまみを吸った白菜やはるさめは絶品！」

骨にはうまみ成分がたっぷり。
骨のまわりの肉は特にうまいから
かぶりつきながら食べて。

手羽元のピエンロー

材料（4人分）

- 鶏手羽元…8本
- 白菜…½個
- はるさめ…80g
- 干ししいたけ…5個
- **A**
  - 水…10カップ
  - こぶ（だし用）…10g
  - 酒…1カップ
- ごま油…大さじ4
- 塩…適量
- 一味とうがらし…適量

調理時間 50分

※干ししいたけをもどす時間は除く

作り方

1 干ししいたけはさっと洗ってボウルに入れる。**A**を加えて3時間ほどおいてもどし、軸を除いて薄切りにし、もどし汁に戻す。

2 はるさめはぬるま湯でもどして水けをきる。白菜は葉と軸に分け、葉はざく切りにし、軸は5㎝長さの細切りにする。

3 土なべに**1**と手羽元を入れて火にかけ、煮立ったら白菜の軸を加え、弱火にして20分ほど煮る。こぶをとり出してアクを除き、白菜の葉を加えてごま油大さじ2を回し入れ、10分ほど煮る。はるさめを加えて5分ほど煮て、残りのごま油を回し入れる。

4 器にとり分け、好みの量の塩と一味を振る。

「時間をかけてカリッと揚げれば、
皮が香ばしくてたまらないおいしさに。」

手羽の甘辛だれ

材料（作りやすい分量）

鶏手羽先…10本
かたくり粉…適量
A 酒…大さじ2
塩…小さじ½
B 酒、しょうゆ、みりん…各大さじ4
酢…大さじ2
砂糖…大さじ1
しょうがのすりおろし、
にんにくのすりおろし…各小さじ1
あらびき黒こしょう…少々
いり白ごま…大さじ1
揚げ油…適量

作り方

1. 手羽先はフォークで全体に穴をあけて**A**をもみ込み、5分おく。汁けをふいてかたくり粉をまぶす。
2. なべに揚げ油を170度に熱して入れ、4〜5分かけてカリッと揚げる。
3. フライパンに**B**を入れて火にかけ、少しとろみがつくまで煮詰めたら**2**を加えて煮からめる。黒こしょう、ごまを振る。

調理時間 20分

名古屋名物の
手羽先をイメージ。
子どもも大好きな味だ。

「スパイスのきいたウスターソースを煮物の味つけに。香りが立って食欲をそそられる。」

鶏手羽と卵のウスターソース煮

材料（2人分）

鶏手羽先…6本
ゆで卵…4個
A 水…1カップ
　ウスターソース、酒
　　…各½カップ
　砂糖、しょうゆ…各小さじ1
あらびき黒こしょう…少々

調理時間 30分

作り方

1 フライパンに油を引かずに手羽先を皮目を下にして入れ、弱めの中火で焼き目をつける。上下を返してもう片面もこんがりと焼く。

2 Aをまぜ合わせて加え、煮立ったらゆで卵を加える。アルミホイルで落としぶたをして、中火で15分ほど煮て、そのまま冷ます。

3 器に盛って黒こしょうを振り、好みでしらがねぎをのせる。

あまりさわらずにしっかり焼き目をつけ、香ばしさを加える。

「パプリカにも手羽先のうまみが行き渡って見た目以上にコクのある仕上がりに。」

手羽先と三色パプリカの煮びたし

材料（2〜3人分）

鶏手羽先…6本
パプリカ（赤、黄、緑）
…各½個
A
だし…3カップ
みりん、しょうゆ
…各大さじ2½
いり白ごま、あらびき黒こしょう
…各少々

調理時間 20分

※冷ます時間、
冷蔵室で冷やす時間は除く

作り方

1 パプリカはそれぞれ細切りにする。手羽先は関節から先を切り落とす。

2 なべにA、手羽先を入れて火にかけ、煮立ったら弱火にして10分ほど煮る。パプリカを加えてさっと煮て、火を止めて冷ます。そのまま（または保存容器などに移して）落としラップをし、冷蔵室に入れて冷やす。

3 器に盛って煮汁を張り、パプリカにごま、手羽先に黒こしょうを振る。

ほぐすのではなく、焼ききるべし。
くさみがとんで、あと口よく仕上がる

鶏ひき肉

独特のくさみはいためると出てくる水けに含まれている。よくよくいためて加熱し、水分とともにくさみをとり除くことがたいせつ。

揚げじゃが 鶏そぼろあんかけ

材料（3〜4人分）

鶏ひき肉…100g
新じゃがいも…小14個
万能ねぎの小口切り…3本分
しょうがのみじん切り…5g
水どきかたくり粉…大さじ1
A だし…1カップ
しょうゆ、みりん
…各大さじ1
揚げ油…適量
サラダ油…大さじ1
一味とうがらし…少々

調理時間 20分

作り方

1 じゃがいもは皮つきのまま洗って水けをふく。なべに揚げ油を160度に熱してじゃがいもを入れ、10分ほど揚げて中まで火を通し、油をきる。

2 フライパンにサラダ油を熱し、ひき肉、しょうがを入れていためる。ポロポロになるまでしっかりいためたら**A**を加え、ひと煮立ちしたらアクをとる。水どきかたくり粉でとろみをつけ、万能ねぎを加えて火を止める。

3 器に**1**を盛り、**2**をかけて一味を振る。

「焼き目がつくほど
ひき肉をいためることで、
すっきりとしたあんが完成。」

「さっぱり仕上げたひき肉は
野菜の味わいと好相性。
やさしいうまみが行き渡る。」

鶏そぼろ筑前煮

材料（2人分）

鶏ひき肉…150g
にんじん…½本
れんこん…150g
里いも…4個
絹さや…8枚
A だし…1½カップ
しょうゆ、みりん…各大さじ2
砂糖…大さじ1
ごま油…大さじ1

調理時間 30分

作り方

1 にんじんは一口大の乱切りにする。れんこんは1㎝厚さの半月切りにして水にさっとさらし、水けをきる。里いもは一口大に切る。絹さやは筋をとる。

2 フライパンにごま油を熱し、ひき肉をいためる。ポロポロになるまでしっかりいためたら、にんじん、れんこん、里いもを加え、全体になじむまでいためる。**A**を加え、煮立ったら弱火にし、アルミホイルで落としぶたをして10分ほど煮る。

3 絹さやを散らしてのせ、3分ほど煮て火を止める。絹さやをとり出してせん切りにする。

4 器に盛り、絹さやを添える。

1種類さえ
打てれば上出来

焼き鳥

切り方が簡単なもも肉や、
胸肉から、気軽にやってみよう。
くしの打ち方を覚えたら、
種類をふやして、お店感覚で楽しんで。

一 手羽先塩焼き

二 もも塩焼き

三 胸焼きわさびのせ

四 つくねたれ焼き

五 ももたれ焼き

六 レバーたれ焼き

皮のうまみも楽しんで

【 手羽先塩焼き 】

材料（5くし分）

鶏手羽先（大きくないもの）
…10本
塩…適量

作り方

1

手羽先の先端の細長い部分を、関節部分で切り落とす。皮を上にして端のべらべらした部分を切り落とす。

2

骨が2本あるが、包丁を入れる側に細い骨がくるようにし、厚みに包丁を入れる。

3

細い骨の両側に浅く切り込みを入れ、その骨を浮かせ、包丁で切り離す。

4

身をさらに開いて、形をととのえる。

5

皮目を下にし、竹ぐしで骨の下を通しながら縫うように打ち、もう1本も同様に打つ。塩を振り、両面を焼く。

●焼き方は次ページ参照

元焼き鳥店店主直伝

「くし打ちのコツ」

肉の種類によってくしの打ち方にコツがあります。ここでは、もも肉を使って基本的な打ち方をお見せします。

肉をおいて打つ

皮目を上にして肉を少し丸めるようにし、まないたにおく。中心に竹ぐしを打つ。

縫うようにする

竹ぐしの先端を少し上下に動かしながら肉を縫うようにすると、肉がくるっと回ったりしない。

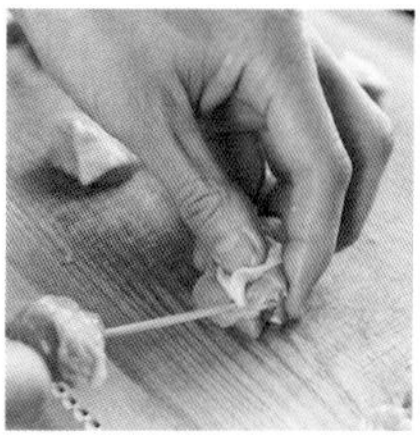

ぎゅっと詰める

同様に打っていき、肉と肉の間をぎゅっと詰める。すき間があると、その部分が焦げやすくなる。

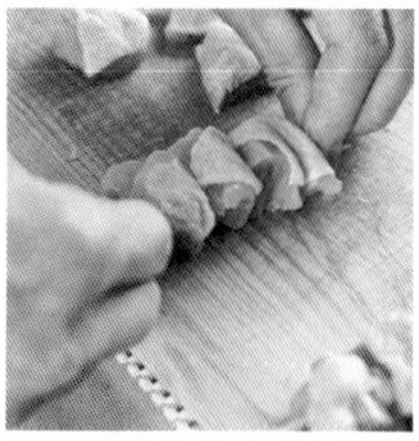

竹ぐしの先端は5㎜ほどに

竹ぐしが焦げないように肉から出ている先端は5㎜ほどに。火の当たりの強い中央は大きめの肉にし、両端は小さめだとなおよい。

辛さがアクセント

【 胸焼きわさびのせ 】

三

材料（7～8くし分）

鶏胸肉…1枚
塩…適量
ねりわさび…少々

作り方

皮を除いて2㎝幅に切り分け、向きを横にして2㎝幅に切る。4切れずつ竹ぐしで縫うように打つ。塩を振り、両面を焼く。わさびをのせる。

塩でうまみを引き出して

【 もも塩焼き 】

二

材料（7～8くし分）

鶏もも肉…1枚
塩…適量

作り方

皮目を下にしておき、2㎝幅に切り分ける。1切れずつ皮を上にして向きを横にし、2㎝幅に切る。4切れずつ竹ぐしで縫うように打つ。塩を振り、両面を焼く。

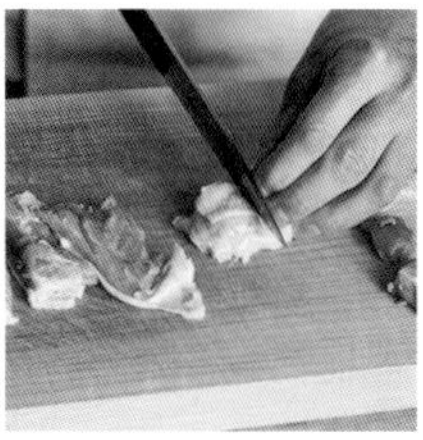

［ 焼き方のコツ ］

皮のあるものは皮目から焼く。

こんがりするまで焼く。返すのは一度だけ。

焼き方

コンロに焼き網をのせて熱し、くしを並べる。片面に焼き目がついたら上下を返し、両面をこんがりと焼き、中まで火を通す。途中、焦げそうになったら火を弱めたり、くしの位置を変えたりするとよい。焼き網がない場合は、魚焼きグリルやフライパンでも同様に。

六

やわらかく濃厚な味わい

【 レバーたれ焼き 】

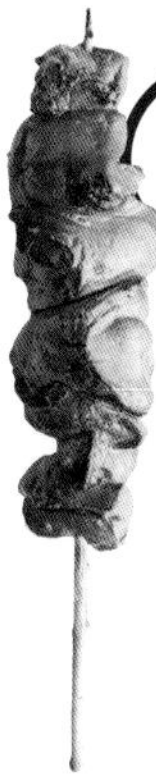

材料（7〜8くし分）

鶏レバー（ハツつきのもの）
…300g
焼き鳥のたれ（下記参照）
…適量

作り方

1

大小のレバーとハツ（心臓）はつながった状態で売られていることが多い。白い脂がついているものがハツ（心臓）で、その部分を切り離す。

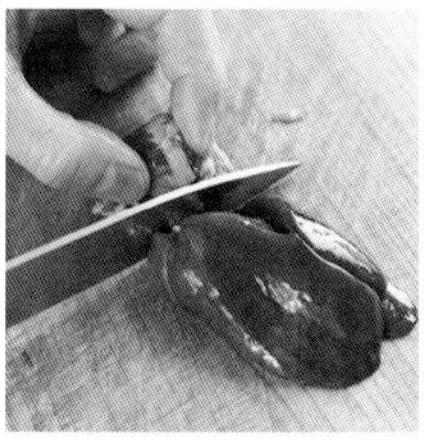

2

ハツは白い脂を切り落とす。縦半分に切り目を入れて血のかたまりを包丁の先で除き、半分に切る。

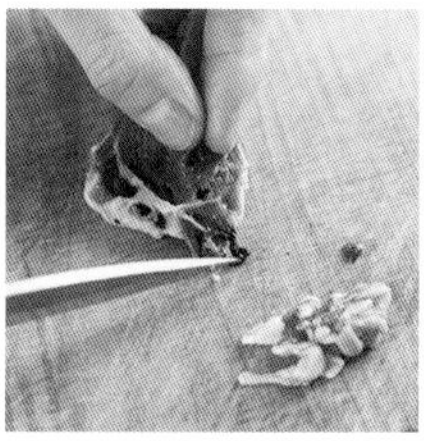

3

2つのレバーは切り離し、大きいほうは3つに、小さいほうは2つに切る。

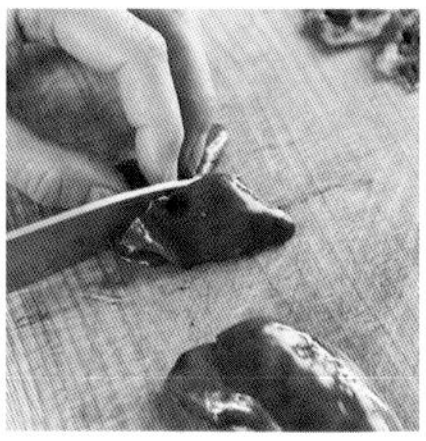

4

1切れずつ丸めながら、ハツ1切れ、レバー3切れ、ハツ1切れの順で、竹ぐしで縫うように打つ。両面を焼き、焼き鳥のたれをハケで塗ってあぶる程度にさっと両面を焼く。

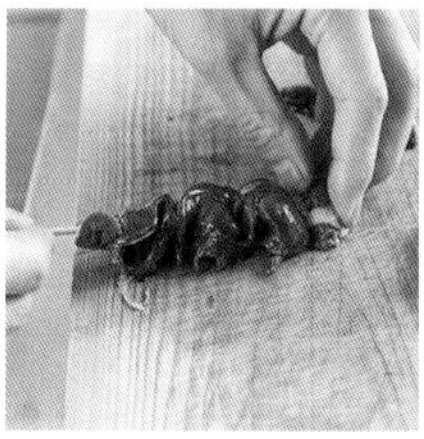

四

おろし玉ねぎ入りでやわらかい

【 つくねたれ焼き 】

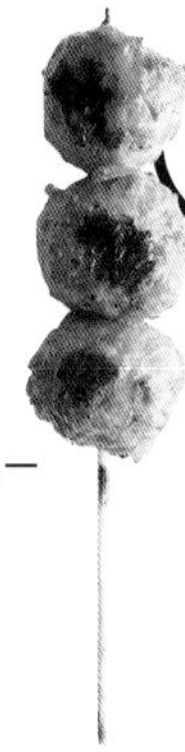

材料（5〜6くし分）

つくね
（作り方はp.110の「つくねと鶏スープ」参照）…15〜18個
焼き鳥のたれ（下記参照）
…適量

作り方

つくねを3個ずつ竹ぐしで刺す。両面を焼き、焼き鳥のたれをハケで塗ってあぶる程度にさっと両面を焼く。

五

香ばしさがうれしい

【 ももたれ焼き 】

材料（7〜8くし分）

鶏もも肉…1枚
焼き鳥のたれ（下記参照）
…適量

作り方

もも塩焼き（右ページ参照）と同様に切り分け、4切れずつ竹ぐしで縫うように打つ。両面を焼き、焼き鳥のたれをハケで塗ってあぶる程度にさっと両面を焼く。

秘伝の焼き鳥のたれ

材料（作りやすい分量）と作り方

なべにみりん、しょうゆ各180㎖、砂糖50gを入れて中火にかける。沸騰したら弱火にして5分ほど煮る。火を止め、そのまま冷ます。

＊残ったら清潔な保存びんに入れて冷蔵室で約1カ月保存できる。鮭やぶりの照り焼き、照り焼きハンバーグなどにも使える。

つくねと鶏スープ

材料（作りやすい分量）

鶏ももひき肉…250g
玉ねぎ…250g
とき卵…½個分

A
- みりん、しょうゆ…各大さじ1
- 砂糖…大さじ½
- 塩…少々
- コーンスターチ…大さじ1

こぶ（だし用）…10g
酒…1カップ

B
- みりん、薄口しょうゆ…各少々
- 塩、あらびき黒こしょう…各少々

万能ねぎの小口切り…少々

調理時間 25分

作り方

1. 玉ねぎはすりおろし、ガーゼで包んで水けをしっかりしぼる。
2. ボウルにひき肉、とき卵を入れ、手でよくねりまぜる。1とAを加え、粘りが出るまでねりまぜる。
3. なべにこぶ、水2ℓ、酒を入れて強火にかけ、煮立ったら弱火にして、2をスプーンで丸めながら落としていく。浮いてくるまで火を通したら、とり出す。とり出したつくねは109ページの「つくねたれ焼き」に使う。
4. ゆで汁をBで調味する。器に盛り、万能ねぎを散らす。

副産物でもう1品

つくねを作るときにできるスープは絶品。お通しみたいにして楽しんで。

玉ねぎは汁けが残っていると肉だねがまとまらない。ギュッとしぼって。

つくねをくしから抜き、生のピーマンにのせてがぶり！通っぽい食べ方だ。
「肉だねには玉ねぎ。煮汁にはこぶ。うまみたっぷりの極上スープだ。」

第4章

クセをつかんで、臆さず調理してほしい

魚料理が、実はいちばん失敗しない。

うまみがたっぷりで火の通りもよく、
鮮度がよければそのまま食べて最高においしい。
魚介類は、まちがいなくそんな偉大な食材だ。
一番のポイントは、加熱する場合の下処理だ。
水けをふく、湯にさっと通すなど
くさみとりの工程さえ押さえれば、
初心者でも、絶対おいしくでき上がる。

火を入れすぎない、を心がけて

切り身魚

おろさず使えて便利。
火を入れすぎると身がかたくなったり、くずれたりするので気をつけよう。

鮭

鮭のフライ 柿のタルタルソース

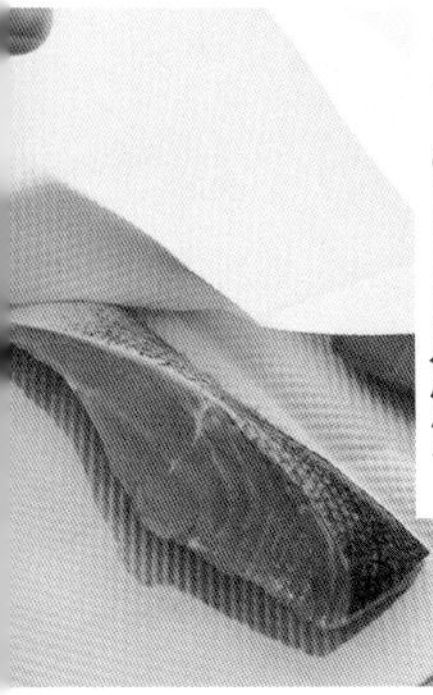

水けをふくひと手間でくさみはほぼ解消。

指で軽くさわり、指に当たる小骨を抜く。

材料（2人分）

生鮭…3切れ
柿…¼個
万能ねぎ…2本
A マヨネーズ
…大さじ3
薄口しょうゆ、酢
…各小さじ1
ねりがらし
…小さじ⅓
塩、こしょう…各少々
小麦粉、パン粉…各適量
とき卵…1個分
揚げ油…適量

調理時間 20分

作り方

1 柿は5㎜角に切る。万能ねぎは小口切りにする。ともにボウルに入れ、**A**を加えてあえる。

2 鮭は水けをふいて小骨をとり、一口大に切って塩、こしょうを振る。小麦粉、とき卵、パン粉の順に衣をつける。

3 なべに揚げ油を170度に熱し、**2**を入れる。ときどき上下を返しながら2〜3分揚げ、油をきる。器に盛って**1**をかけ、好みで四つ割りにしたすだちを添える。

＊柿のかわりにキウイやパイナップルでもおいしい。

「ピクルスのかわりに柿を使い、まろやかなソースに。」

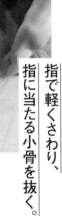

「皮目からカリッと焼き、
香ばしさを足してうまみを引き出す。」

鮭のアーモンド照り焼き

材料（2人分）

生鮭…2切れ
ししとうがらし…8本
大根…100g
アーモンドスライス…20g
塩…少々
A 酒、みりん…各大さじ3
しょうゆ…大さじ1
サラダ油…大さじ1

調理時間 15分

作り方

1 アーモンドはフライパンで香ばしくなるまでからいりし、とり出す。大根はすりおろし、ざるに入れて汁けをきる。ししとうは包丁で縦に切り込みを入れる。鮭は水けをふく。

2 フライパンにサラダ油を熱し、鮭を皮目から両面焼く。ししとうはあいたところに入れて焼き、全体がこんがりしたらとり出し、塩を振る。

3 鮭が焼けたらフライパンの余分な油をふきとり、**A**を加え、煮からめる。アーモンドを加え、さっとまぜる。器に盛り、大根おろし、ししとうを添える。

「粉をまぶしてから焼く。表面がカリッと焼けて、味を格上げしてくれる。」

ぶりステーキ ねぎバターじょうゆ

材料（2人分）

ぶり…2切れ
玉ねぎ…$\frac{1}{4}$個
万能ねぎ…3本
塩、あらびき黒こしょう…各少々
小麦粉…適量
A 酒、みりん…各大さじ2
　酢、しょうゆ…各大さじ1
サラダ油…大さじ1
バター…20g
粒マスタード…大さじ1

調理時間 20分

作り方

1 玉ねぎはみじん切りにし、万能ねぎは小口切りにする。**A**はまぜ合わせる。

2 ぶりは水けをふき、塩、黒こしょうを振って下味をつけ、小麦粉を薄くまぶす。

3 フライパンにサラダ油を熱し、ぶりを入れて焼き色がつくまで両面焼き、器に盛る。

4 フライパンをさっと洗い、バターを弱火でとかす。玉ねぎ、万能ねぎを入れ、しんなりするまで中火でいためる。**A**を加え、ひと煮立ちしたら火を止め、**3**にかける。好みで長さを半分に切ったクレソンと粒マスタードを添える。

ぶりごぼう

ぶりに火が入りすぎないよう、ごぼうは下ゆでして加える。

材料（3〜4人分）

ぶり…6切れ
ごぼう…250g
こぶ（だし用）…5g

A 水…3カップ
酒…½カップ
しょうゆ…¼カップ
みりん、砂糖
…各大さじ2

調理時間 35分

作り方

1 ごぼうは5㎝長さくらいの乱切りにする。水からゆで、煮立ったらやわらかくなるまで10分ほどゆで、水にさらして水けをきる。ぶりは一口大に切り、湯にさっとくぐらせて霜降りにし、湯をきる。

2 フライパンに**1**、**A**、こぶを入れて火にかけ、煮立ったらアクをとり、アルミホイルで落としぶたをして10分ほど煮る。アルミホイルをとって少し火を強め、ときどき煮汁をかけながら5分ほど煮る。煮汁にとろみがついてきたら、火を止める。

3 器に盛り、好みで5㎝長さに切った万能ねぎ、すりおろしたゆずの皮を散らす。

＊冷蔵で約3日保存可。

「ぶりはごぼうと相性よし。
仕上げに火を強め、
煮汁をしっかりからめよう。」

かじきのわかめけんちん焼き

材料（2人分）

かじき…2切れ
わかめ（塩蔵）…50g（正味）
にんじん…30g
しいたけ…1個
三つ葉…2本
卵…1個
A 酒、しょうゆ…各大さじ1
　砂糖…小さじ1
塩…少々
サラダ油…大さじ2

調理時間 20分

作り方

1 わかめは塩を洗い流して水けをしぼり、あらみじんに切る。にんじんは3㎝長さのせん切り、しいたけは石づきを切り落として薄切りにする。三つ葉は1㎝長さに切る。

2 フライパンにサラダ油大さじ1を熱し、**1**をいためる。全体がしんなりしたら**A**を加えていため、味をからめる。火を止め、卵をときほぐして加え、まぜる。

3 かじきは塩を振る。フライパンにサラダ油大さじ1を熱し、かじきを入れ、火が通るまで両面焼く。

4 オーブントースターのトレーに**3**をのせ、上面に**2**をのせる。オーブントースターで焼き色がつくまで焼いて器に盛り、好みで半分に切ったすだちを添える。

「卵をまぜたしっかり味の具をのせ、
淡泊なかじきを
コクのある一品に変身させる。」

「しっかり粉をまぶすと、味もよくからむ。」

かじきのしょうが焼き

材料（3〜4人分）

かじき…3〜4切れ
玉ねぎ…1個
小麦粉…大さじ3
A しょうがのすりおろし…小さじ1
　酒、みりん、しょうゆ…各大さじ3
　はちみつ…大さじ2
あらびき黒こしょう…少々
サラダ油…大さじ3

作り方

1 玉ねぎは薄切りにする。かじきは一口大に切り、小麦粉をしっかりまぶす。**A**はまぜ合わせる。

2 フライパンにサラダ油大さじ$1\frac{1}{2}$を熱し、かじきを両面カリッとするまで焼いてとり出す。フライパンの余分な油をふきとってサラダ油大さじ$1\frac{1}{2}$を熱し、玉ねぎをいためる。

3 玉ねぎがしんなりしたらかじきを戻していため合わせ、**A**を加えて煮からめる。器に盛り、好みでキャベツのせん切りとミニトマトを添え、黒こしょうを振る。

＊冷蔵で約3日保存可。

調理時間 20分

くさみをとって食べやすく

青魚

あじ

くさみは霜降りなどの
下処理の段階でしっかりとる。
香味野菜や梅干し、
酢と合わせるのもいい。

あじの竜田揚げ トマトあんかけ

材料（2人分）

あじ（三枚におろしたもの）
…2尾分
トマト…1個
青じそ…5枚
ねぎ…⅓本
A しょうゆ、みりん…各大さじ1
あらびき黒こしょう…少々
B だし…1½カップ
薄口しょうゆ、みりん
…各大さじ2
水どきかたくり粉、
かたくり粉、揚げ油…各適量

調理時間 20分

作り方

1 トマトはざく切りにする。青じそ、ねぎはあらみじんに切る。あじは半身をそれぞれ3等分に切り、**A**をもみ込む。

2 あんを作る。なべに**B**とトマトを入れて火にかけ、煮立ったら青じそ、ねぎを加え、水どきかたくり粉でとろみをつける。

3 あじにかたくり粉をまぶす。なべに揚げ油を170度に熱してあじを入れ、上下を返しながら2分揚げ、油をきる。器に盛り、**2**をかける。

「かたくり粉は
揚げる直前にまぶして
カリッと揚げる。」

あじ塩焼き きゅうりソース

「十文字に切り目を入れれば、皮が縮まず、やぶけない。」

材料（2人分）

あじ…2尾
きゅうり…1本
塩…適量
A サラダ油…大さじ2
みりん、薄口しょうゆ…各小さじ1
一味とうがらし…少々

調理時間 20分

作り方

1 あじは尾のつけ根からぜいごに包丁を入れてそぎとる。えらぶたの中に指を入れて左右のえらをいっしょに引っぱってちぎりとる。胸びれの下に包丁で2㎝ほど切り込みを入れ、指を入れて内臓を引き出し、きれいに洗って水けをふく。盛りつけたとき上になる面に十文字に切り目を入れ、塩少々を振る。魚焼きグリルで両面をこんがりと焼く。

2 きゅうりは板ずりして洗い、両端を1㎝ほど切り落として苦みを抜き、すりおろす。汁けをきってボウルに入れ、**A**を加えてまぜる。

3 器に**1**を盛って**2**を添え、好みですだちを横半分に切って添える。

＊ぜいごとは、尾のつけ根に近い部分にある、とげ状のギザギザしたうろこのこと。

いわし

「湯にさっと通して、梅干しと酢で煮る。くさみがなくなり、さっぱり食べられる。」

いわしの梅煮

材料（2人分）

いわし…4尾
しいたけ…4個
梅干し…4個
しょうが…20g
A 水…1½カップ
酒、しょうゆ、みりん…各大さじ4
砂糖、酢…各大さじ1

作り方

1. いわしは頭と内臓をとり、水で洗う。1尾を玉じゃくしにのせ、80度くらいの湯に入れ、表面の色が変わったら氷水（または水）にとる。これをくり返し、水けをふく。
2. しいたけは石づきを切り落とす。しょうがの半量は薄切りにし、残りは針しょうがにする。
3. なべに**A**を入れて火にかけ、煮立ったら**1**、梅干し、しいたけを入れ、アルミホイルで落としぶたをして10分ほど煮る。
4. しょうがの薄切りを加え、煮汁を煮詰める。器に盛り、針しょうがをのせる。

調理時間 25分

“霜降り”で、くさみのもとになる油や血などを除く。

さんま

「筒切りは、三枚におろすよりも簡単。じっくり煮るから甘辛味がよくしみ、ほろりとやわらか。」

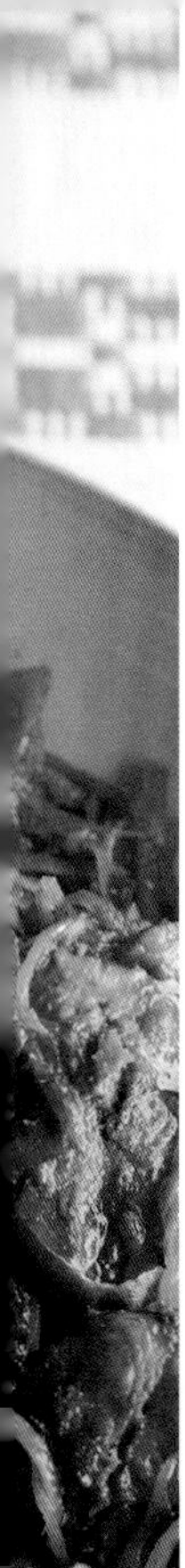

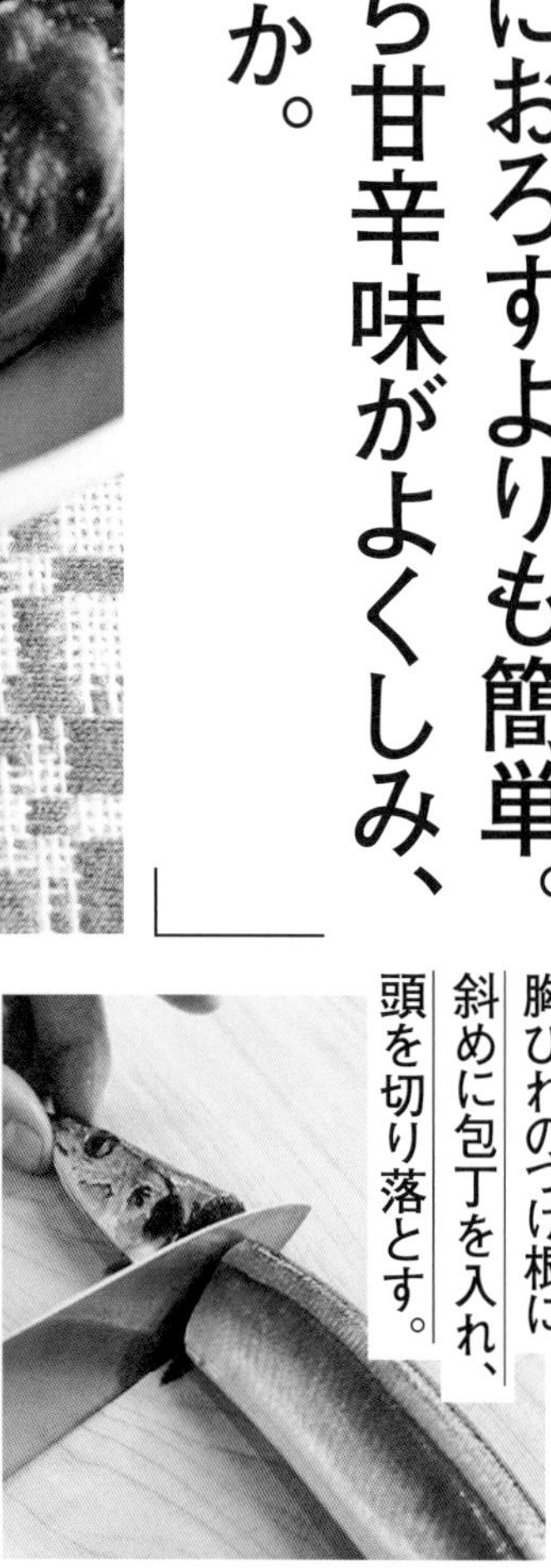

胸びれのつけ根に斜めに包丁を入れ、頭を切り落とす。

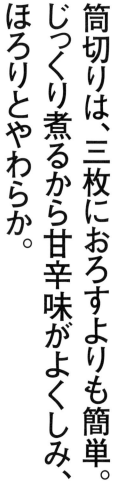

さんまのしぐれ煮

材料（作りやすい分量）

さんま…3尾
しょうが…60g
酢…1カップ

A
酒…1カップ
砂糖…大さじ1
しょうゆ…大さじ4

作り方

1 しょうがは皮をむき、せん切りにする。

2 さんまは頭を落として内臓を除き、腹の中を流水で洗う。水けをふきとって2㎝厚さの筒切りにする。

3 なべに切り口を上にしてさんまを並べ、**1**、酢、水1カップを加えて火にかける。煮立ったらアクを除き、アルミホイルで落としぶたをして弱火で1時間ほど煮る。

4 **A**を加えてアルミホイルで落としぶたをし、さらに1時間ほど煮る。火を止めてそのまま冷ます。くずさないように器に盛る。

＊冷蔵で約10日保存可。

調理時間 135分

※冷ます時間は除く

切り口から包丁の先で内臓をひっかける。

そのまま内臓をすーっと引き抜く。

菜箸にキッチンペーパーを巻きつけて腹の中の血合いなどを除く。

さばの油《ユー》淋《リン》鶏《チー》

材料（2人分）

さば（半身）…1枚
レタス…¼個
トマト…½個
万能ねぎ…5本
しょうが…10g
青じそ…3枚
A | しょうゆ、みりん、酒…各大さじ1
B | 水…大さじ2
酢…大さじ4
砂糖、しょうゆ…各大さじ2
かたくり粉、揚げ油…各適量

作り方

1 さばは骨抜きで小骨をとり、水けをふく。一口大に切って**A**をもみ込み、10分ほどおく。レタスはせん切りに、トマトは3㎜厚さの半月切りにする。

2 万能ねぎは小口切りにし、しょうが、青じそはみじん切りにする。すべてボウルに入れ、**B**を加えてまぜる。

3 なべに揚げ油を170度に熱する。さばにかたくり粉をまぶして入れ、3〜4分揚げて油をきる。

4 器にレタス、トマト、**3**を盛り合わせる。**2**を全体にかけ、好みで一味とうがらしを振る。

調理時間 20分

「下味につけて揚げるから、クセもとれる。さっぱりだれで、さばのうまみを満喫。」

「おいしそうな焼き目をバシッとつける。
これがなにより大事なポイント。」

さばのしょうがマヨネーズ焼き

材料（2人分）

さば（半身）…1枚
塩…少々

A
- 万能ねぎの小口切り…大さじ1
- しょうがのすりおろし…大さじ1
- マヨネーズ…大さじ3
- しょうゆ…小さじ1

調理時間 15分

作り方

1 さばは半分に切り、両面に塩を振る。**A**はまぜ合わせる。

2 魚焼きグリル（または魚焼き網）をよく熱し、さばを皮目から強火で焼く。こんがりと焼き色がついたら上下を返し、焼き色がつくまで焼く。

3 皮目を上にして**A**を塗り、ソースにこんがりと焼き色がつくまでさらに焼く（魚焼き網で焼いた場合は、オーブントースターのトレーにアルミホイルを敷いて皮目を上にしてのせ、**A**を塗って焼く）。

4 器に盛り、好みで食べやすく切ったミニトマトを添える。

皮目はこんがり焼く。
身側は焼きすぎるとパサつくので注意。

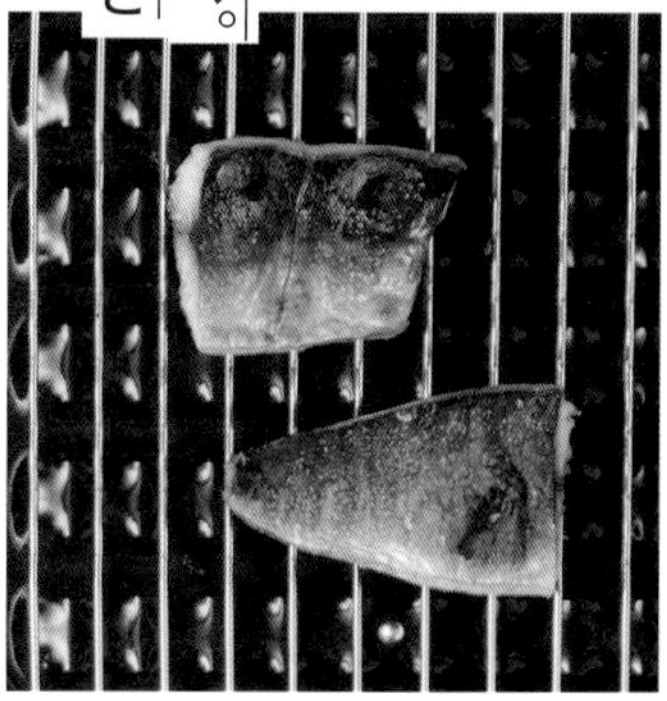

下処理をていねいに　えび

背わたが残ると食感が悪く、くさみも感じるのでとり除く。酒や塩をもみ込んで洗うと、くさみやぬめりがとれる。

「ぷりぷりとした食感を死守したいから、
先に火を通しておく。」

トマトのえびチリ

材料（2人分）

えび…10尾
トマト…3個
ねぎ…1/3本
しょうが…10g
にんにく…1かけ
酒…大さじ2
塩…ひとつまみ
かたくり粉…適量
豆板醤…大さじ1/2
A みりん、しょうゆ…各大さじ2
　砂糖…小さじ1
サラダ油…大さじ2

作り方

1 ねぎ、しょうが、にんにくはみじん切りにする。

2 トマトは皮を湯むきし、2個はあらみじんに切り、1個は8等分のくし形に切る。

3 えびは背わたと殻と尾を除いて酒と塩をもみ込み、さっと洗う。水けをふいてかたくり粉をまぶし、熱湯で色が変わるまでゆでて水けをきる。

4 フライパンにサラダ油を熱し、**1**をいためる。香りが立ったら豆板醤を加えていためる。さらに香りが立ったら、あらみじんに切ったトマトを加え、5分ほど煮る。**A**を加え、えび、くし形切りのトマトを加え、強火にしてさっといため合わせる。

調理時間 20分

煮込まずにうまみ満点

カキ

濃厚なうまみを料理に生かしたい。
火の入れすぎは
身が縮んで小さくなるので注意。

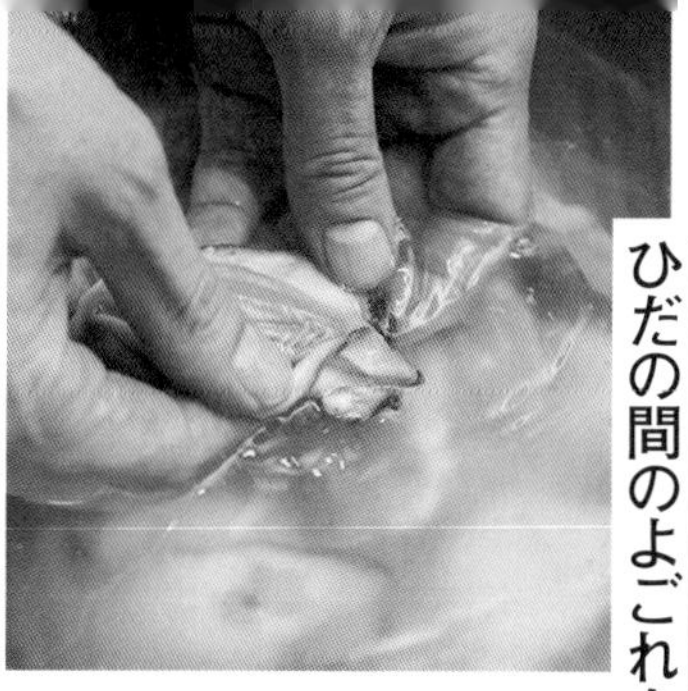

塩水の中で、ひだの間のよごれを除く。

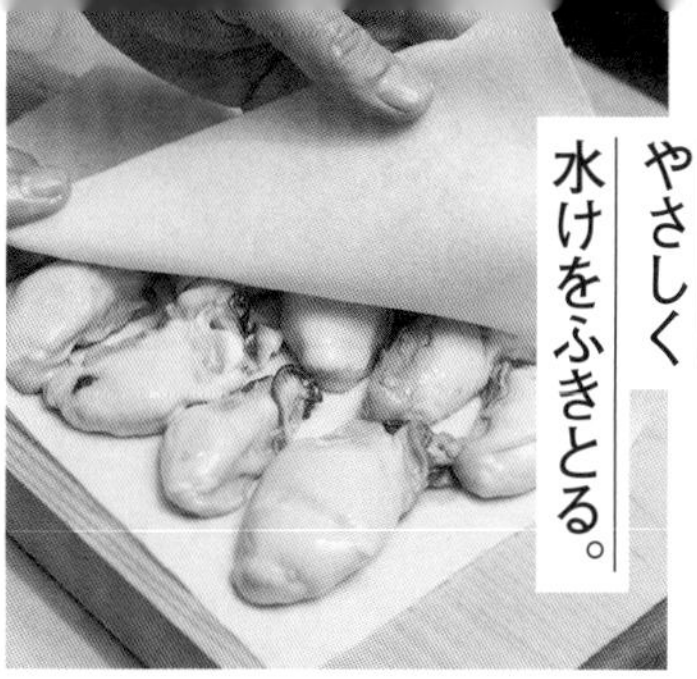

やさしく水けをふきとる。

カキどうふ

材料（2人分）

カキ（むき身）…8個
木綿どうふ…1丁（約300ｇ）
ねぎ…1本
しいたけ…2個
しょうが…10g
塩…少々
A だし…2カップ
薄口しょうゆ、みりん…各大さじ2

調理時間 25分

作り方

1 ねぎは斜め薄切りにする。しいたけは石づきを切り落として半分に切る。とうふは4等分に切る。しょうがはすりおろす。

2 カキは塩水で洗い、水けをしっかりふく。

3 なべに**A**を入れて火にかけ、ひと煮立ちしたらカキを入れ、弱火で1分ほど煮て、とり出す。

4 ねぎ、しいたけ、とうふを入れ、弱火で10分ほど煮る。カキを戻し入れ、あたためる程度にさっと煮る。器に盛り、しょうが、あれば三つ葉を添える。

「さっと火を通し、ふっくらと仕上げる。」

ひと手間で違う味わいに

刺し身

刺し身にたれをからめたり、
たっぷりの薬味をプラスしたり。
いつもとは違うおいしさに出会える。

刺し身のごまねぎじょうゆあえ

材料（2人分）

刺し身（好みのもの・盛り合わせでも）
…200g
みょうが…2個
レタス…¼個
卵黄…2個分
刻みのり…適量

A
- ねぎのみじん切り…大さじ2
- すり白ごま…大さじ2
- しょうゆ…大さじ3
- みりん、ごま油…各大さじ1

作り方

1. みょうが、レタスはせん切りにして水にさらし、水けをきる。
2. 刺し身は食べやすい大きさに切る。ボウルに入れ、**A**を加えてあえる。
3. 器に**1**、**2**を盛り、卵黄をのせ、のりをのせる。

調理時間 10分

「風味のいいたれをまとわせ、
野菜といっしょに。
コクを加える卵黄も欠かせない。」

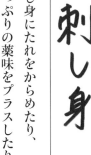

サーモンと明太子のカルパッチョ

「脂ののったサーモンに、
明太子や薬味で
アクセントを与える。」

材料（2〜3人分）

サーモンの刺し身（さく）…150g
からし明太子…2腹
みょうが…1個
万能ねぎ…3本
貝割れ菜…$\frac{1}{3}$パック
A ごま油…大さじ3
　しょうゆ…大さじ$1\frac{1}{2}$
　みりん、酢…各大さじ1
いり白ごま…少々

調理時間 10分

作り方

1 サーモンは薄切りにする。明太子は一口大に切る。みょうが、万能ねぎは小口切りにする。貝割れ菜は根元を切り落とし、1㎝長さに切る。**A**はまぜ合わせる。

2 器にサーモン、明太子を並べて**A**を回しかけ、みょうが、万能ねぎ、貝割れ菜、ごまを散らす。

しょうゆベースの
たれをサーモン全体に
まんべんなく。

第5章 食材の合わせ方で、洒落る、映える

めん物、ごはん物は、一品料理と考える。

めんやごはんは、日本人になじみ深い料理。
だからこそ食材選びや材料の組み合わせの妙が
食べ手に直接的に伝わるもの。
めん物は、乾めんや冷凍うどんを使いながら、
具材でおいしさと遊び心を表現。
どんぶり物や炊き込みごはんは、
満足度の高い具だくさんなのが家向きです。

僕がいちばん好きなめんがこれ

そば

家で作るなら、生めんよりも乾めんのほうが扱いやすい。さらに原料がなるべくシンプルで、そばのおいしい産地のものを選ぶといい。

流水で手早く、一気にあら熱をとる。

やみつき納豆《なっとう》腐《ふ》そば

材料（2人分）

そば（乾めん）…2束（120g×2）
納豆…2パック
絹ごしどうふ…½丁

A 納豆のたれ、からし…各2パック分
万能めんつゆ（p.155参照）…大さじ2

B 万能めんつゆ（p.155参照）、だし…各¾カップ

万能ねぎの小口切り、刻みのり…各適量

作り方

1. とうふはキッチンペーパーで包んで重しをし、20分おいてしっかり水きりする。ボウルにくずしながら入れ、納豆、**A**を加えてまぜる。
2. **B**は合わせて冷やす。
3. そばはたっぷりの熱湯でゆでる（途中、ふきこぼれそうになったら弱火にする）。湯をきって冷水で洗い、水けをきって器に盛る。**2**をかけ、**1**、万能ねぎ、のりを順にのせる。

調理時間 10分

※とうふの水きりの時間、つゆを冷やす時間は除く

「納豆ととうふのネバネバにつゆがからんで、とろろのようなふんわりとした食感になる。」

豚南蛮そば

材料（2人分）

そば（乾めん）…2束（120g×2）
豚バラ薄切り肉…100g
ねぎ…$\frac{1}{2}$本
三つ葉…3本
A | 万能めんつゆ（p.155参照）…1$\frac{1}{4}$カップ
　 | だし…1カップ
サラダ油…適量

調理時間 15分

作り方

1 豚肉は食べやすい大きさに切る。ねぎは3㎝長さに、三つ葉は2㎝長さに切る。

2 フライパンにサラダ油を熱し、豚肉とねぎを入れ、全体を焼きつける。焼き色がついたら、**A**を加えてひと煮する。

3 そばはたっぷりの熱湯でゆでる（途中、ふきこぼれそうになったら弱火にする）。湯をきって冷水で洗い、水けをきって器に盛る。

4 別の器に**2**を入れ、三つ葉を散らす。好みでゆずの皮をのせ、**3**をつけて食べる。

「焼いた肉から出てきた脂、ねぎの香ばしさがつけつゆのうまみになる。」

豚肉もねぎも、あせらず、じっくり焼いて。

「そばの風味や香りを楽しむには、
こんなオーソドックスな具がよかったりする。」

あっさり梅わかめそば

材料（2人分）

そば（乾めん）…2束（120g×2）
わかめ（塩蔵）…60g
梅干し…4個
かまぼこ…4切れ
A 万能めんつゆ（p.155参照）…240㎖
　 だし…360㎖
いり白ごま…大さじ1

調理時間 10分

※水につける時間は除く

作り方

1 わかめは塩を洗い流してしばらく水につけ、水けをしぼってざく切りにする。

2 なべにAを入れてあたため、1、かまぼこを加えてさっと火を通す。

3 そばはたっぷりの熱湯でゆでる（途中、ふきこぼれそうになったら弱火にする）。湯をきり、器に盛る。2をかけ、梅干しをのせ、ごまを振る。

冷凍うどんがおすすめ

うどん

ささっと作りたいときに便利なのが冷凍うどん。
1分ほどゆでるだけで、
コシがあってのどごしのいいうどんが楽しめる。

「笠原流は〝いため煮〟スタイル。
これで、めんはもちもち、肉はやわらか、
野菜は歯ごたえよく仕上がる。」

焼きうどん

材料（2人分）

うどん（冷凍）…2玉
豚こまぎれ肉…100g
キャベツ…2枚
にんじん…$\frac{1}{3}$本
ピーマン…2個
卵…2個
塩…適量
あらびき黒こしょう…少々
A だし…1カップ
　みりん、酒、しょうゆ…各大さじ1
サラダ油…大さじ2
削り節…5g

調理時間 20分

作り方

1 うどんはたっぷりの熱湯でほぐれるまでゆで、湯をきって冷水で洗い、水けをきる。

2 キャベツは一口大に切り、にんじんは細い拍子木切りに、ピーマンは細切りにする。**A**はまぜ合わせる。

3 フライパンにサラダ油大さじ1を熱し、豚肉をいためる。肉の色が変わったら**2**の野菜、塩ひとつまみを加え、いため合わせる。

4 にんじんに火が通ったら**1**を加えていため合わせ、**A**を加えてひと煮する。黒こしょうを振り、器に盛る。

5 フライパンにサラダ油大さじ1を熱し、卵を割り入れて塩少々を振り、目玉焼きを作る。白身が固まったら水大さじ1を加え、ふたをして30秒蒸し焼きにし、火を止める。**4**にのせ、削り節、好みで紅しょうがを添える。

豚とクレソンのみそ煮込みうどん

材料（2人分）

うどん（冷凍）…2玉
豚バラ薄切り肉…100g
クレソン…1束
卵…2個
ねぎ…½本
A　だし…3カップ
　みりん…大さじ3
　みそ、赤みそ…各大さじ2
　しょうゆ…大さじ1

調理時間 15分

作り方

1 クレソンは葉と茎に切り分け、茎は3㎝長さの斜め切りにする。ねぎは斜め薄切りにする。

2 豚肉は長さを3等分に切り、熱湯にさっとくぐらせ、ざるに上げる。

3 うどんはたっぷりの熱湯でほぐれるまでゆで、湯をきる。

4 なべにAを合わせてまぜ、火にかける。煮立ったらクレソンの茎、ねぎ、2、3を入れ、2〜3分煮る。器に盛り、卵を割り入れ、クレソンの葉をのせる。

「2種のみそを使用。
濃厚すぎず、マイルドな味になる。」

ゆでるときの湯は温度が下がらないようたっぷりと。

だし＋調味料の多めの水分を加えてひと煮立ち。

コシのある手延べそうめんを選んで

そうめん

ゆで上がったらすぐに流水でもみ洗いする。こうしてぬめりをとると、つやとコシが出る。

たっぷりの湯で、芯がなくなるまでゆでる。

両手でよくもみ、ぬめりをとる。

あさりにゅうめん

材料（2人分）

そうめん…2束（50g×2）
あさり（殻つき・砂出しずみ）…200g
三つ葉…½束
しいたけ…2個
A こぶ（だし用）…5g
　水…2カップ
　酒…½カップ
　薄口しょうゆ、みりん…各大さじ1
塩…少々
サラダ油…大さじ1

調理時間 20分

作り方

1. あさりは殻をこすり洗いし、水けをきる。三つ葉は3㎝長さに切る。しいたけは石づきを切り落とし、薄切りにする。
2. フライパンにサラダ油を熱し、三つ葉、しいたけを入れていためる。全体がしんなりしてきたらあさり、Aを加えてふたをして煮る。あさりの口があいたら、火を止める。
3. そうめんはたっぷりの熱湯でゆで、湯をきる。冷水で洗ってぬめりをとり、水けをきって器に入れる。
4. 2をあたためてアクをとり、塩で味をととのえて3にかける。

「あさりから出るうまみで、だしは十分。にゅうめんなら消化がよく、口当たりもやさしい。」

ゆでたあと、油をからめておくといためるときにほぐれやすい。

バジルそうめんチャンプルー

材料（2人分）

そうめん…3束（50g×3）
ツナ缶（油づけ）…1缶（140g）
バジル…1パック
ねぎ…½本
にんじん…50g
卵…1個
サラダ油…大さじ3
A 酒、しょうゆ…各大さじ1
あらびき黒こしょう…少々

調理時間 15分

作り方

1 そうめんはたっぷりの熱湯でゆで、湯をきる。冷水で洗ってぬめりをとり、水けをきってサラダ油大さじ1をからめる。

2 ねぎは斜め薄切りに、にんじんは5㎝長さの細切りにする。バジルは大きければざく切りにする（飾り用に少しとっておく）。

3 フライパンにサラダ油大さじ1を熱し、卵をときほぐして入れ、半熟状にいためてとり出す。

4 つづけてサラダ油大さじ1を熱し、ツナを缶汁ごとと、ねぎ、にんじんを入れてにんじんがしんなりするまでいためる。**1**、**3**を加えていため、**A**で調味し、バジルを加えてさっといため合わせる。器に盛り、飾り用のバジルを散らす。

じゅわっと味がしみていく
ごはんをわしわし食べる。
これがのっけ飯の醍醐味。

鶏と野菜のあんかけどん

材料（2人分）

- 鶏もも肉…1枚
- ゆでたけのこ…小½本（80g）
- 玉ねぎ…¼個
- せり（または万能ねぎ）…3本
- にんじん…50g
- 塩…少々
- **A**
  - だし…2カップ
  - しょうゆ、みりん…各大さじ2
  - オイスターソース…大さじ1
- 水どきかたくり粉…大さじ2
- サラダ油…大さじ2
- あたたかいごはん…どんぶり2杯分
- あらびき黒こしょう…少々

調理時間 20分

作り方

1. 鶏肉は小さめの一口大に切り、塩を振る。たけのこは根元は薄い半月切りに、穂先は縦薄切りにする。玉ねぎはくし形切りにする。せりは5㎝長さに切り、にんじんは5㎝長さの細切りにする。
2. フライパンにサラダ油を熱し、鶏肉を皮目から焼く。焼き色がついたらたけのこ、玉ねぎ、せり、にんじんを加え、全体がしんなりするまでいためる。**A**を加え、煮立ったら2〜3分煮て、水どきかたくり粉でとろみをつける。
3. 器にごはんを盛り、**2**をかけ、黒こしょうを振る。

「具だくさんだから
一口ごとに異なる味わいが楽しめる。
あんのおかげで最後まで熱々。」

「野菜は細長く切る。
味がからみやすく、
食べごたえも出て一石二鳥。」

せん切りなすのドライカレー

材料（2人分）

合いびき肉…150g
なす…2個
玉ねぎ…$\frac{1}{2}$個
ピーマン…1個
塩…少々
カレー粉…大さじ2
A 水…大さじ2
酒、トマトケチャップ…各大さじ2
しょうゆ…大さじ1
砂糖…小さじ1
サラダ油…大さじ2
あたたかいごはん…どんぶり2杯分
レーズン…少々

作り方

1 なすはへたを切り落とし、縦細切りにする。玉ねぎは縦薄切りに、ピーマンは縦半分に切って種とへたを除き、せん切りにする。

2 フライパンにサラダ油を熱し、ひき肉をほぐれるまでいためる。**1**を加えて塩を振り、野菜がしんなりするまでいためる。カレー粉を振り、香りが立つまでいため、**A**を加えていため合わせる。

3 器にごはんを盛って**2**をかけ、レーズンを散らす。

調理時間 15分

牛どん

「牛肉をたたいてやわらかく。煮たあとは、そのまま冷まして味を含ませる。」

材料（2人分）

牛薄切り肉または切り落とし肉（脂身多めのもの）…300g
玉ねぎ…1個
しょうが…5g
A こぶ（だし用）…3g
水…2カップ
砂糖、みりん…各大さじ2
薄口しょうゆ、しょうゆ、白ワイン…各大さじ2
あたたかいごはん…どんぶり2杯分
卵…2個

調理時間 40分

※冷ます時間は除く

作り方

1. 玉ねぎは薄切りに、しょうがはすりおろす。
2. なべに**A**、玉ねぎを入れて中火にかけ、煮立ったら弱火にして10分煮る。
3. 牛肉は包丁の背でたたき、のばす。
4. **2**の玉ねぎがしんなりしたら、**3**、しょうがを加える。再び中火にし、煮立ったらアクをていねいにとり、弱火にしてさらに15分煮る。火を止め、そのまま冷ます。こぶはとり出す。
5. 器にごはんを盛り、**4**を再び火にかけてあたため、煮汁ごとかける。好みで紅しょうがと、卵を添える。

すだち飯

材料（2人分）

しらす干し…20g
みょうが…1個
万能ねぎ…5本
焼きのり…全形1枚
削りがつお…5g
すだち…2個
あたたかいごはん…茶わん2杯分
しょうゆ…大さじ2

調理時間 10分

作り方

1 みょうがと万能ねぎは薄い小口切りにする。のりはあぶって小さくちぎる。これらをボウルに入れ、しらす、削りがつおを加え、さっとまぜる。

2 すだちは横半分に切る。

3 茶わんにごはんを盛って1をのせ、しょうゆを回しかけてすだちを添える。

「食べるときにすだちをギュッ。
食欲を刺激し、
全体の味が引き締まる。」

具のうまみ、香りを生かして

炊き込みごはん

米は浸水させたら、しっかり水けをきる。
余分な水けのせいで、仕上がりがべちゃっとしてしまうから。

「空気にふれるとかたくなる
グリーンピースは、
調理直前にさやから出す。」

合わせだしは
30分以上おき、
こぶのうまみを引き出す。

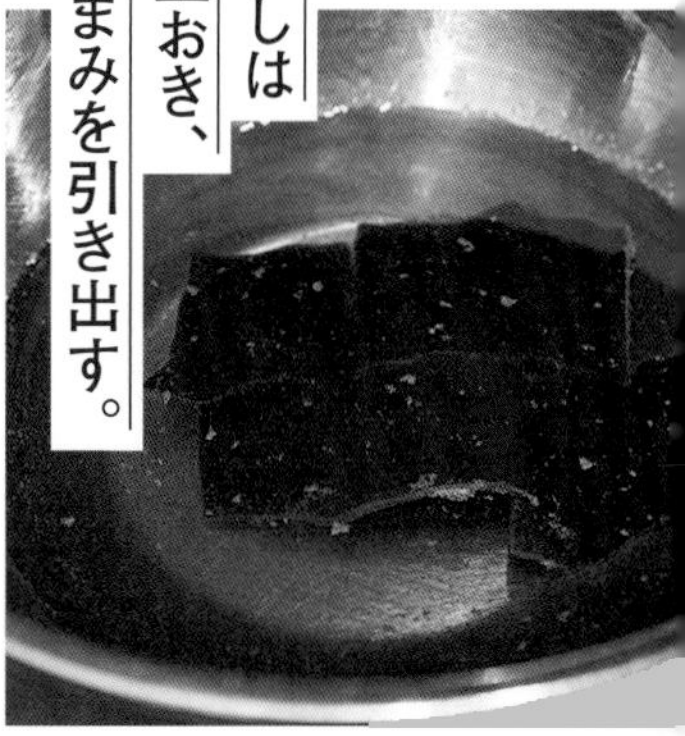

しらすは
蒸らすときに加え、
風味や食感を生かす。

豆としらすの炊き込みごはん

材料（2〜3人分）

米…360㎖（2合）
グリーンピース…60g（正味）
しらす干し…20g
A こぶ（だし用）…5g
水…360㎖
酒…大さじ2⅔
塩…小さじ1

調理時間 40分

※合わせだしを作る、
米を浸水させる時間は除く

作り方

1. Aはまぜて30分以上おく。炊く前にこぶはとり出す。
2. 米は洗って水にひたして30分おき、ざるに上げて水けをしっかりきる。
3. グリーンピースは、炊く直前にさやからとり出す。
4. 土なべに**2**、**1**を入れて軽くまぜ、**3**をのせてふたをし、強火にかける。沸騰したら中火にして5分、弱火にして15分炊く。しらす干しを散らし、火を止めてふたをして5分蒸らす。

炊飯器で炊く場合
上記の作り方**1**〜**3**は同様にする。炊飯器に**2**、**1**を入れて軽くまぜ、**3**をのせて炊く。炊き上がったらしらす干しを散らし、ふたをして5分蒸らす。

「あさりとごぼうは
うまみがたっぷり。
みそを加えた濃いめの味が合う。」

あさりとごぼうの炊き込みごはん

材料（2〜3人分）

米…360㎖（2合）
あさり…200g
ごぼう…50g
せり…2本
A
- こぶ（だし用）…5g
- 水…340㎖
- 酒…大さじ$2\frac{2}{3}$
- 薄口しょうゆ…大さじ$1\frac{1}{3}$
- みそ…大さじ1

調理時間 40分

※合わせだしを作る、
米を浸水させる、あさりの砂出しの時間は除く

作り方

1 Aはまぜて30分以上おく。炊く前にこぶはとり出す。

2 米は洗って水にひたして30分おき、ざるに上げて水けをしっかりきる。

3 あさりは砂出しし、殻をこすり合わせて洗う。

4 ごぼうはたわしで洗い、ささがきにしてさっと洗う。せりは小口切りにする。

5 土なべに**2**、**1**を入れて軽くまぜ、ごぼう、**3**をのせてふたをし、強火にかける。沸騰したら中火にして5分、弱火にして15分炊く。火を止めて5分蒸らし、せりを散らす。

炊飯器で炊く場合
上記の作り方**1**〜**4**は同様にする。炊飯器に**2**、**1**を入れて軽くまぜ、ごぼう、**3**をのせて炊く。炊き上がったらせりを散らす。

せりは風味を
そこなわないよう、
仕上げに加える。

キャベツと桜えびの炊き込みごはん

材料（2～3人分）

米…360㎖（2合）
キャベツ…⅙個
桜えび（かまあげまたは乾燥）
…30g
万能ねぎ…3本
A こぶ（だし用）…5g
水…340㎖
酒、薄口しょうゆ
…各大さじ2

調理時間 35分

※合わせだしを作る、米を浸水させる時間は除く

作り方

1 Aはまぜて30分以上おく。炊く前にこぶはとり出す。

2 米は洗って水にひたして30分おき、ざるに上げて水けをしっかりきる。

3 キャベツは2㎝角に切り、万能ねぎはごく薄い小口切りにする。

4 土なべに**2**、**1**を入れて軽くまぜ、キャベツをのせてふたをし、強火にかける。沸騰したら中火にして5分、弱火にして15分炊く。火を止めて桜えびを散らし、ふたをして5分蒸らし、万能ねぎを散らす。

炊飯器で炊く場合
上記の作り方**1**～**3**は同様にする。炊飯器に**2**、**1**を入れて軽くまぜ、キャベツをのせて炊く。炊き上がったら桜えびを散らし、ふたをして5分蒸らし、万能ねぎを散らす。

たっぷりのキャベツをまんべんなく広げる。

「火が早く通るキャベツは
大きめに切って
存在感を出す。」

「さっぱりとしているが、うまみが強い〝たい〟。1切れだけでも、ぜいたくな味になる。」

たい飯

材料（2～3人分）

米…360㎖（2合）
たい（切り身）…100g
三つ葉…5本
塩…少々
A こぶ（だし用）…5g
　水…340㎖
　酒…大さじ2
　薄口しょうゆ、しょうゆ
　　…各大さじ1
いり白ごま…小さじ1

作り方

1 Aはまぜて30分以上おく。炊く前にこぶはとり出す。

2 米は洗って水にひたして30分おき、ざるに上げて水けをしっかりきる。

3 たいは塩を振って、魚焼きグリルで7～8分焼き、皮と骨を除いてほぐす。三つ葉は2㎝長さに切る。

4 土なべに2、1を入れて軽くまぜ、ふたをして強火にかける。沸騰したら中火にして5分、弱火にして15分炊く。火を止めてたいを散らし、ふたをして5分蒸らす。三つ葉をのせ、ごまを散らす。

炊飯器で炊く場合

上記の作り方1～3は同様にする。炊飯器に2、1を入れて軽くまぜ、炊く。炊き上がったらたいを散らし、ふたをして5分蒸らし、三つ葉をのせ、ごまを散らす。

調理時間 40分

※合わせだしを作る、米を浸水させる時間は除く

しばらく蒸すことで、たいの風味がよくなじむ。

ぬるま湯につけ、皮をやわらかくする。

下のざらざらした部分を薄くそぎ落とす。

鬼皮を切り口から包丁にひっかけるようにしてはがす。

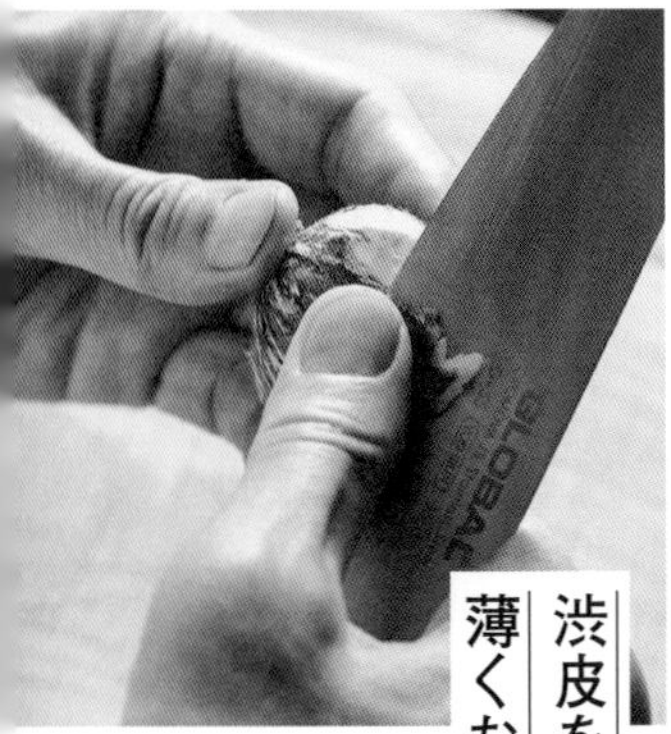

渋皮をなるべく薄くむく。

「まろやかなこぶだしが
栗の甘みを引き立てる。」

栗ごはん

材料（2〜3人分）

米…360㎖（2合）
栗…200g
こぶ（だし用）…5g
A 水…340㎖
酒…60㎖
塩…小さじ1
いり黒ごま…少々

調理時間 40分

※栗をぬるま湯につける、米を浸水させる時間は除く

作り方

1 米は洗って水にひたして30分おき、ざるに上げて水けをしっかりきる。栗はぬるま湯に30分ほどつけ、鬼皮と渋皮をむく。**A**は合わせる。

2 炊飯器に米を入れて**A**を注ぎ、こぶ、栗をのせてふつうに炊く。炊き上がったらさっくりとまぜ、器に盛り、ごまを振る。

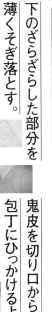

じゃがいもとベーコンの炊き込みごはん

材料（2〜3人分）

米…360㎖（2合）
じゃがいも…1個
ベーコン…3枚
A こぶ（だし用）…5g
水…1½カップ
しょうゆ、薄口しょうゆ…各大さじ1
酒…大さじ2
バター…10g
あらびき黒こしょう…少々

調理時間 35分

※合わせだしを作る、米を浸水させる時間は除く

作り方

1. Aはまぜて30分以上おく。炊く前にこぶはとり出す。
2. 米は洗って水にひたして30分おき、ざるに上げて水けをしっかりきる。
3. じゃがいもは1㎝角に切り、さっと洗う。ベーコンは1㎝幅に切る。
4. 土なべに2、1を入れて軽くまぜ、3をのせてふたをし、強火にかける。沸騰したら中火にして5分、弱火にして15分炊く。火を止めて5分蒸らす。
5. バターを加え、全体を軽くまぜる。器に盛り、好みで万能ねぎの小口切りを散らし、黒こしょうを振る。

炊飯器で炊く場合　上記の作り方1〜3は同様にする。炊飯器に2、1を入れて軽くまぜ、3をのせて炊く。炊き上がったら上記の作り方5と同様にする。

「加工肉で、ごはんのうまみを増幅させる。」

ベーコンを散らし、うまみをプラス。

さんまと大根の炊き込みごはん

材料（2〜3人分）

米…360mℓ（2合）
さんま…2尾
大根…100g
塩…適量

A
- こぶ（だし用）…5g
- 水…340mℓ
- 酒…60mℓ
- 塩…小さじ1

三つ葉…3本

調理時間 40分

※合わせだしを作る、米を浸水させる時間は除く

作り方

1 Aは合わせて30分以上おく。炊く前にこぶはとり出す。

2 米は洗って水にひたして30分おき、ざるに上げて水けをしっかりきる。

3 さんまは水けをふいて塩をまんべんなく振り、すぐに魚焼きグリルでこんがりとするまで10分ほど焼く。とり出して、頭や骨などをはずして身だけにする。

4 大根は皮をむいて1cm角に切る。三つ葉は小口切りにする。

5 土なべに**2**、**1**を入れて軽くまぜ、大根をのせてふたをし、強火にかける。沸騰したら中火にして5分、弱火にして15分炊く。火を止めて**3**を散らし、ふたをして5分蒸らす。仕上げに三つ葉を散らす。

炊飯器で炊く場合

上記の作り方**1**〜**4**は同様にする。炊飯器に**2**、**1**を入れて軽くまぜ、大根をのせて炊く。炊き上がったら**3**を散らし、ふたをして5分蒸らす。仕上げに三つ葉を散らす。

大きい身はほぐし、散らす。

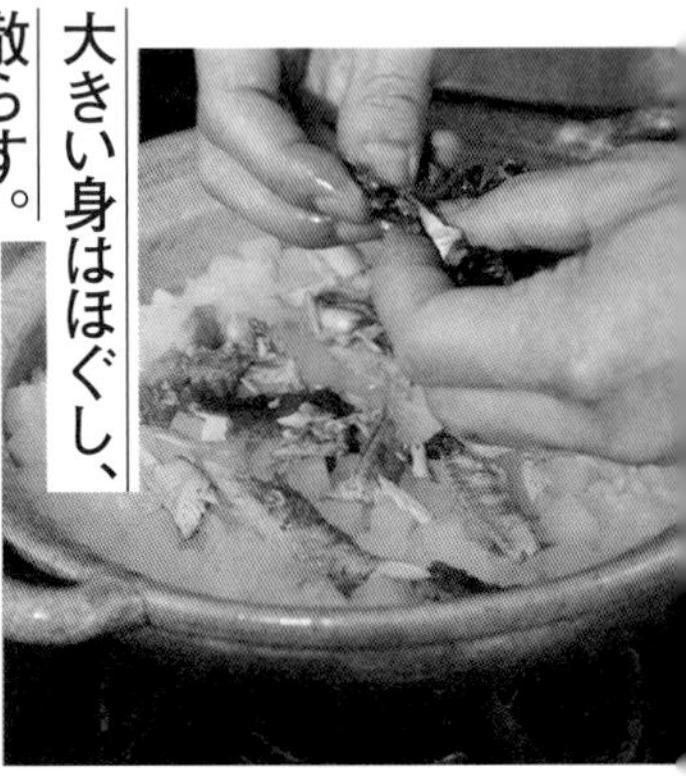

「塩焼きに大根おろしを添えるように、角切りの大根と炊く。脂ののったさんまと絶妙なバランス。」

家ごはんのコツ❸

作る時と食べる時、家ごはんの心がけ

料理を作ることがちょっと大変なときは、自分の心持ちを変える工夫をしたり、家族を巻き込んだり、少し踏み出してみては。そんなヒントをお伝えします。

「食べる人を喜ばせたいなら、自分も料理を楽しんで。」

献立を考えるのがおっくうになる日があるかもしれない。そんなときには、食べる人のことだけでなく、自分も楽しむことを考えてほしいと思う。お酒が好きなら食前酒やワインを準備するだけでも食事が楽しみに。また、おかずの出し方を変えてみるのもおすすめ。ふだんは塩もみきゅうりにするところを、軽く板ずりしてまるごと冷えた器にのせ、塩を添える、というのも一興。まるごとかじると食感がよく、いつもと違った趣向に、作るほうも食べるほうも気持ちが盛り上がる。自分が楽しんで作ることは、食べる人を喜ばせることにつながるということを忘れないでほしい。

「家族といっしょに作る機会をもつことも大切だ。」

家族になにを食べたいかたずねたときに「なんでもいい」と言われるのがいちばん困るのではないだろうか。作り手の気持ちを台なしにする、怖い言葉のひとつだと思う。そこで、作る側の気持ちをわかってもらうために、ときにはいっしょに料理をすることをおすすめしたい。切ったり火を通したりが難しければ、たれをまぜる、盛りつけるなど、できそうなことを1つでも任せればいい。食べ物への興味、関心は、食事作りに携わることでわいてくるもの。台所に招き入れることで、しだいに「きょうはあれを食べたい！」という気持ちも芽生え、食事が楽しみになってくるはずだ。

「食事の基本は、いただきます。ごちそうさま。おいしいと言って食べること。」

僕は日本料理の名店で修業をして、和食ほど食べる人を思いやって作る料理はないと実感するようになった。たとえば、食べるときに口に運びやすいサイズに切り分け、ときにはかみやすいように隠し包丁を入れ、箸でとりやすいように盛りつける。そして、自分が誰かの料理を食べるときには、このこまやかな心遣いをとてもうれしく感じる。食べ物に対して、作ってくれた人に対して、感謝の気持ちでいっぱいになる。だから、その気持ちを表す「いただきます」「ごちそうさま」「おいしい」という言葉が、僕は大好きだし、とても大切に思っている。

お店で食事をするときも、毎日の家ごはんでも、感謝の気持ちを忘れずにいることがなによりも大事なことだと考えている。

日本人女性の一口大は、一寸（約3cm）。このサイズを意識して切り分ける。

第6章 家にある食材を生かす

つまみはすぐに作れて、気がきいているのがいい。

家でお酒を楽しむ時間は、お金をかけずにアイディア勝負で。
漬け物にチーズ、果物と野菜など、
組み合わせの意外性で、おつまみは粋な印象になる。
なじみの野菜も、いつもと違った調理法を試してみると、
新たな魅力に出会えたりもする。

「漬け物のうまみや香りを利用する。」

漬け物はうまみが凝縮して香りも強いから、
まろやかな乳製品と合わせて、メリハリをもたせる。

「賛否両論」の名物メニュー

いぶりがっこのマスカルポーネチーズ添え

材料（作りやすい分量）

いぶりがっこ…適量
マスカルポーネ…適量
あらびき黒こしょう…少々

調理時間 2分

作り方

1 いぶりがっこは食べやすく切る。

2 器に1、マスカルポーネを盛り、チーズに黒こしょうを振る。いぶりがっこにチーズをつけて食べる。

梅干しの酸味がドレッシングがわり

梅のカプレーゼ

材料（2〜3人分）

はちみつ梅干し…4個
モッツァレラ（一口タイプ）…1パック
青じそ…5枚
A（オリーブ油…大さじ1　薄口しょうゆ…小さじ1）

作り方

1 青じそは細切りにし、梅干しは種を除いてちぎる。**A**はまぜる。

2 器にモッツァレラと梅干しを彩りよく盛り、青じそを散らして**A**をかける。

調理時間 10分

ムースに大人味の奈良漬けでアクセントを

奈良漬け レバームース

材料（2〜3人分）

奈良漬け…30g
レバームース（市販品）…60g
生クリーム…大さじ2　あらびき黒こしょう…少々　クレソン…適量　クラッカー…適量

作り方

1 奈良漬けはみじん切りにしてボウルに入れ、レバームース、生クリームを加えてまぜ合わせる。

2 器に盛って黒こしょうを振り、クレソン、クラッカーを添える。

調理時間 5分

薄切りにしてコクのある調味液に漬けるだけ

かぶの黒糖漬け

材料（作りやすい分量）

かぶ（葉つき）…4個
A（黒砂糖…40g　水…大さじ3　焼酎、しょうゆ…各大さじ2）

調理時間 10分

※漬け汁を冷ます時間、漬ける時間は除く

作り方

1 なべにAを入れて火にかけ、ひと煮立ちしたら火を止めて冷ます。

2 かぶは葉を切り落とし、皮つきのまま洗ってスライサーで薄切りにする。葉は3㎝長さに切る。保存用ポリ袋に入れ、1を加えて空気を抜きながら口を閉じる。重しをのせ、半日ほどおく。

「野菜つまみは手をかけすぎず、食感を生かす。」

揚げてライトに、焼いてほくほく、生でシャキッと……。
野菜の特性を生かした調理法でシンプルに味わう。

炭酸水入りの衣でサクッと歯ざわりよく

アスパラのベニエ

材料（2～3人分）

グリーンアスパラガス…4本
A（炭酸水〈無糖〉…1/2カップ　小麦粉…50g　すり白ごま…小さじ1）　揚げ油…適量
塩…少々　レモン…1/4個　マヨネーズ…適量

調理時間 10分

作り方

1 アスパラは根元のかたい部分を切り落とし、下1/3くらいをピーラーでむき、縦4等分に切る。

2 ボウルにAを入れ、まぜる。1を加えて手でよくからめ、170度の揚げ油で3～4分揚げる。

3 油をよくきって器に盛り、塩を振ってレモン、マヨネーズを添える。

にんじんの太さをさきいかにそろえて

さきいかにんじん

材料（2〜3人分）

にんじん…½本　さきいか…1パック
A（水…1½カップ　しょうゆ…大さじ3　砂糖…大さじ2）　いり白ごま…適量　一味とうがらし…少々

作り方

1 にんじんは5㎝長さでマッチ棒ほどの細切りにする。

2 さきいかは食べやすく手でちぎる。

3 ボウルに**A**をまぜ合わせ、**1**、**2**を加えてまぜ、1時間以上つける。器に盛り、ごま、一味を振る。

調理時間 10分

※つける時間は除く

枝豆自体の水分で蒸し焼きにして

焼き枝豆

材料（2人分）

枝豆…200ｇ　塩…適量
あらびき黒こしょう…少々　レモン…¼個

作り方

1 枝豆は塩約大さじ1を振り、全体にもみ込む。水で洗い、ざるに上げる。

2 フライパンにぬれた状態の枝豆を敷き詰め、ふたをして強火にかける。水けがとんだらふたをとり、全体にしっかり焼き目がつくまでまぜながら火を通す。

3 器に盛り、塩少々、黒こしょうを振り、レモンを添える。

調理時間 10分

「チーズやちくわに大人っぽい食材を足す。」

そのままでも食べられる手軽な食材に
香りの強い野菜や辛みをプラスするだけで一気につまみに。

ちくわにすっきりとした香りを合わせて

セロリちくわ

材料（2～3人分）

ちくわ…3本
セロリ…100g
マヨネーズ…大さじ1
あらびき黒こしょう…少々

作り方

1 セロリは棒状に切ってちくわの穴に詰め、斜め半分に切る。

2 器に盛り、マヨネーズを添えて黒こしょうを振る。

調理時間 5分

チーズとつくだ煮の塩けにツンとくる辛みをきかせて

6Pチーズのりわさび

材料（2～3人分）

6Pチーズ… 1箱（6個）
のりのつくだ煮…大さじ1
ねりわさび…小さじ1　貝割れ菜…少々

作り方

1 のりのつくだ煮とわさびをまぜ合わせる。

2 チーズに1をのせて器に盛り、貝割れ菜を切って添える。

調理時間 5分

「洒落たアテをめざすなら果物の色や甘みに頼る。」

果物と塩けを合わせると甘みがほどよくなり、お酒とよく合う。
組み合わせの意外性から、通っぽい一皿になる。

ジューシーな食材同士で味がなじみやすい

みかん大根なます

材料（2～3人分）

みかんの缶詰…１缶（固形量120ｇ）
大根…300ｇ　塩…適量
A（水、酢…各½カップ　砂糖…40ｇ）

調理時間 5分

※大根がしんなりするまでの時間、つける時間は除く

作り方

1. 大根は5㎝長さでマッチ棒ほどの細切りにし、塩を振る。しんなりしたらしっかり水けをしぼる。みかんは缶汁をきる。
2. ボウルにAをまぜ、1を加えて2時間以上つける。

甘み、塩け、苦みの
3つをオリーブ油でまとめて

柿と生ハムのサラダ

材料（2～3人分）

柿…1個　生ハム…50ｇ　春菊…⅓束
オリーブ油…大さじ1

作り方

1. 柿は一口大のくし形に切り、生ハムは半分に切る。
2. 春菊は葉をつんでボウルに入れ、オリーブ油であえる。1とともに器に盛り合わせる。

調理時間 10分

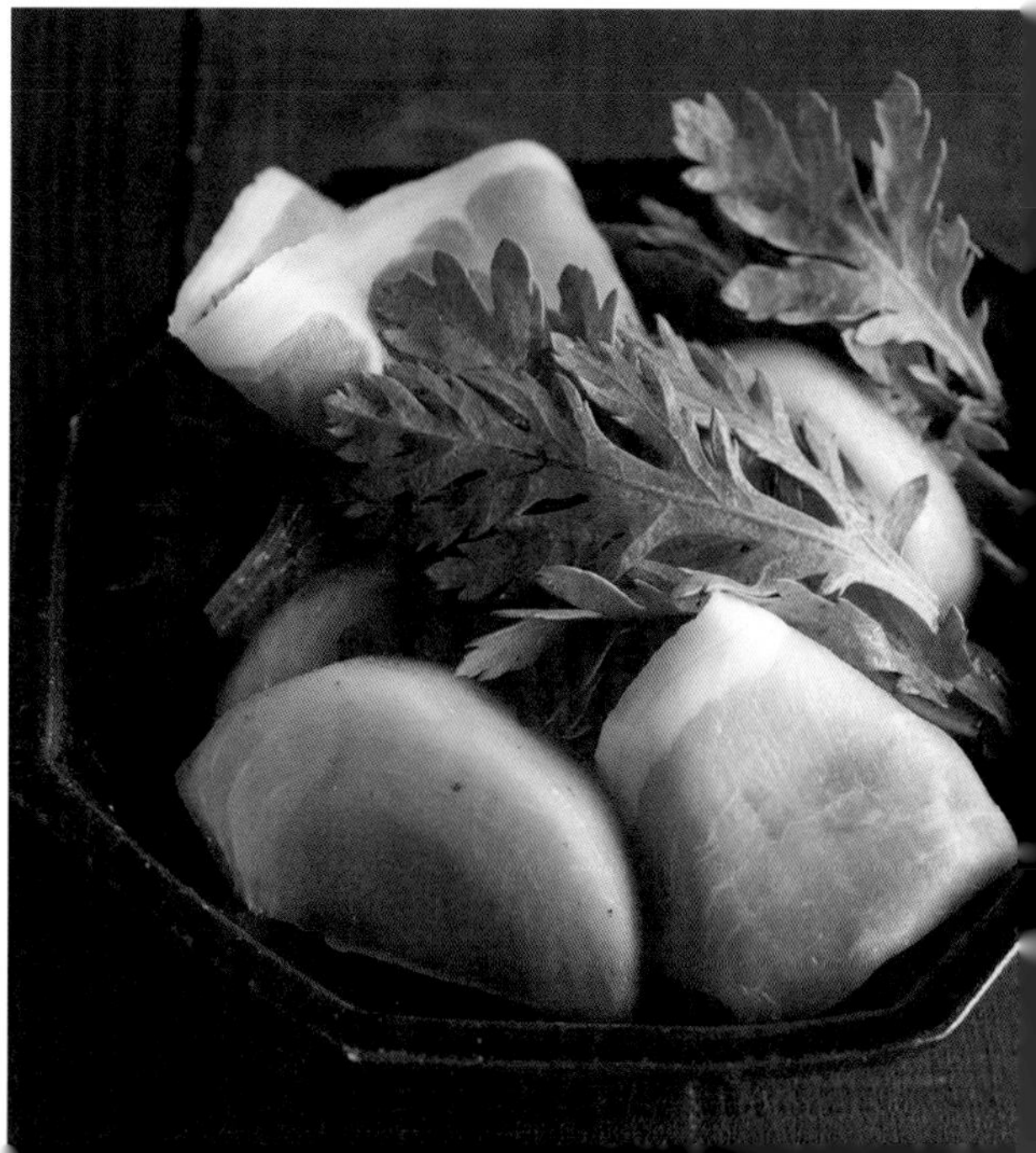

調理の基本

調味料のことを知って、
正確にはかることができれば、
家ごはんはまちがいなく
おいしく作ることができる。
和食はだしを家でとると、
格段に旨くなる。

［液体をはかる］

大さじ1

調味料がこぼれる直前が15mℓ。表面張力で盛り上がっている状態。

大さじ½

深さの八分目が約½。深さの半分は約⅓しかないので注意。

［粉状のものをはかる］

大さじ1

山盛りすくって、計量スプーンの柄でふわっと余分な粉を落とす。表面がやや盛り上がっていてよい。

大さじ½

大さじ1をはかったあと、計量スプーンの柄で線を引くようにして半分を落とす。

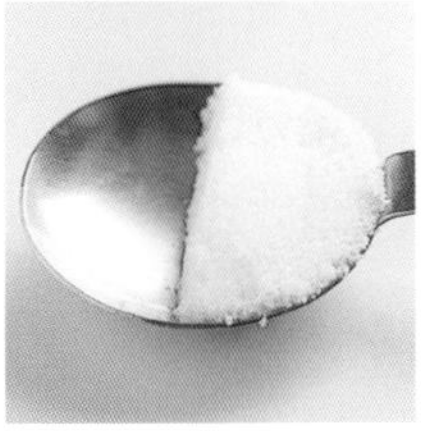

［だしのとり方］

かつおとこぶの簡単だし

材料(作りやすい分量)

削りがつお…30g
こぶ(だし用)…10g
水…５カップ

1 なべにすべての材料を入れる

なべに水とこぶを入れる。削りがつおは、1枚1枚からだしを引き出すような気持ちでほぐしながら、全体に広げて加える。

2 強火にかける

まず強火にかけ、煮立ったら弱火にしてそのまま５分ほど煮る。

3 ざるなどでこす

こし器やキッチンペーパーを敷いたざるに**2**を流し入れてこす。

4 しぼる

玉じゃくしの背で削りがつおをぎゅうぎゅう押すようにして、残った汁をしぼり出す。

＊冷蔵で３〜４日保存可。

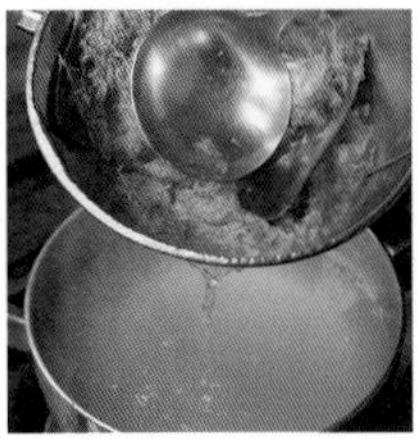

調味料はこれだけで十分

G 黒こしょう

日本料理には、白こしょうよりも、黒こしょうのほうが使いやすい。僕は使うときに毎回あらくひいて、香りを生かす。

H みそ

まずは、一般的な信州みそを。ちょっとがんばりたい人は、白みそと赤みそをそろえよう。みそ汁は、数種のみそを合わせるとおいしくなる。

I 砂糖

料理全般に使える上白糖が便利。くせがなくあっさりとした甘みで、用途を選ばない。

D 酒

料理酒ではなく、安くてもいいので飲める酒を買おう。そのほうが、料理が数段おいしくなる。

E 塩

精製塩は塩辛すぎるので、まろやかな味わいの天然塩を買おう。なかでもミネラルを多く含むあら塩がおすすめ。どんな料理にも使える。

F みりん

煮物などの照りを出すときにも必須。みりん風調味料ではなく、ぜひ本みりんを。みりん風調味料はアルコール分をほとんど含まず、食塩などが含まれている。

A 酢

まずは米酢を買おう。ほかの酢よりもうまみが強く、まろやかな酸味があるのが特徴。いろいろな料理に使える。

B 薄口しょうゆ

和食を作るには、薄口しょうゆもそろえておきたい。野菜などの色を生かして仕上げたいときに使う。濃口しょうゆより色は薄いが、塩分は多い。

C 濃口しょうゆ

材料に、単に“しょうゆ”と書いてあるときは、これを使っている。毎日料理をしないのなら、小さいサイズをこまめに買ったほうがいい。保存は常温でOK。

作っておくと重宝する万能めんつゆ

材料（約1½カップ分）

こぶ（だし用）…5×5㎝（5g）
削りがつお…15g
いりこ…5g
しょうゆ…大さじ2
薄口しょうゆ…大さじ2
みりん…大さじ4
砂糖…大さじ1
水…1½カップ

1

なべにすべての材料を入れる。削りがつおは1枚1枚ほぐすように全体に広げて入れると、うまみが出やすい。

2

中火にかける。煮立ったら弱火にして、そのまま5分ほど煮る。火を止めて、あら熱がとれるまでそのままおく。

3

こし器やキッチンペーパーを敷いたざるに流し入れてこす。玉じゃくしの背で削りがつおをぎゅうぎゅう押してしぼる。

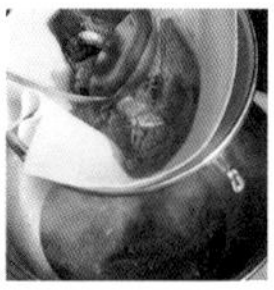

使い方

◎ つけつゆ
そのまま使う。

◎ かけつゆ
1.5倍のだしで割る。

◎ ぶっかけつゆ
同量のだしで割る。

めんのほかに、親子どんやカツどんの味つけに。冷ややっこやおひたしにかけても。

保存する場合は容器に移して冷蔵室へ。約５日保存できる。

さくいんは 159 ページ始まりです

材料別 料理さくいん

※本書に掲載の料理を、使用している食材別に並べています。
※各材料ごとの料理名は五十音順です。

和《わ》食《しょく》屋《や》が教《おし》える、劇《げき》的《てき》に旨《うま》い家《いえ》ごはん

2020年10月31日　第1刷発行
2024年10月10日　第20刷発行

著　者　笠原将弘《かさはらまさひろ》
発行者　大宮敏靖
発行所　株式会社 主婦の友社
〒141-0021
東京都品川区上大崎3-1-1
目黒セントラルスクエア
電話　03-5280-7537(内容・不良品等のお問い合わせ)
049-259-1236(販売)
印刷所　大日本印刷株式会社

ISBN978-4-07-444910-1

■本のご注文は、お近くの書店または主婦の友社コールセンター（電話0120-916-892）まで。
＊お問い合わせ受付時間　月～金（祝日を除く）10:00～16:00
＊個人のお客さまからのよくある質問のご案内
https://shufunotomo.co.jp/faq/

●本書は2019年に刊行した『いちばんおいしい春レシピ』ほか夏、秋、冬の季節ムック、『僕が食べたい和そうざい』『めんどうだから麺にしよう』『白いごはんに合うおかず』『30分で和定食』（以上、書籍）の内容を再構成して制作しています。

笠原《かさはら》将弘《まさひろ》

東京・恵比寿にある日本料理店「賛否両論」店主。1972年東京生まれ。高校卒業後「正月屋吉兆」で9年間修業したのち、父の死をきっかけに武蔵小山にある実家の焼き鳥店「とり将」を継ぐ。2004年に自身の店「賛否両論」をオープンし、瞬く間に予約のとれない人気店として話題になる。直営店として2013年に名古屋店、2019年に金沢店もオープン。料理レシピ本の人気も高く、著書累計は100万部を超える。

撮影　原ヒデトシ
カバー表1、p.2、12～15、18、19、22～24、28～30、32、33、40、52、53、60、63、70、79、89、90～95、98～104、106～110、115～118、120、121、123、124、126、129～139、145、146、148～155、食材54、58、62、64～66、72、74、76
広瀬貴子
p.42～51、53、128、140～143
福尾美雪
p.10、11、16、17、20、21、25～27、31、34～39、57、77、90、96、97、105、112、113、122、127、144、カバー表4
邑口京一郎
p.8、41、54～56、58、59、61、62、64～76、78、80～88、90、111、114、119、125、147

アートディレクション　中村圭介（ナカムラグラフ）

デザイン　伊藤永祐
堀内宏臣
鳥居百恵（ナカムラグラフ）

スタイリング　遠藤文香

構成　早川徳美

取材・文　早川徳美、田子直美

編集アシスタント　川名優花

編集担当　澤藤さやか（主婦の友社）